Das Tor zur Welt der Bonner Republik

Entwicklung, Bau und Bedeutung des Passagierterminals von Paul Schneider-Esleben am Flughafen Köln/Bonn

OPAION BAND 3

Schriften aus dem Kunsthistorischen Institut Bonn

Stefan Bodemann

Das Tor zur Welt der Bonner Republik

Entwicklung, Bau und Bedeutung des Passagierterminals von Paul Schneider-Esleben am Flughafen Köln/Bonn

DEUTSCHER KUNSTVERLAG

INHALT

EINLEITUNG

EIN KOMPONIST AM FLUGHAFEN

Ein Sonntagvormittag im Jahr 1977:[1] Brian Eno, britischer Musiker, Komponist und Produzent und in diesen und weiteren Eigenschaften weit Gereister, hielt sich am Flughafen Köln/Bonn auf. Dort, so berichtete er in einem Interview, sei alles wunderschön gewesen – mit einer Ausnahme:

> They were playing awful music. [...] And I thought, ›there's something completely wrong that people don't think about the music that goes into situations like this.‹ You know, they spend hundreds of millions of pounds on the architecture, on everything, except the music. The music comes down to someone bringing in a tape of their favorite songs this week and sticking them in and the whole airport is filled with this sound. So, I thought it'd be interesting to actually start writing music for public spaces like that.[2]

Um was für eine Architektur handelt es sich hier, die so vollkommen anmutet, dass schon simple Hintergrundmusik den ästhetischen Gesamteindruck zu stören vermag und ein Komponist, den Raumeindruck genießend, beginnt, Musik für Flughäfen zu schreiben?[3] Wie ist es möglich, dass ausgerechnet ein Gebäude der westdeutschen »Nachkriegsmoderne« in einem solchen Maße inspirierend wirkt?[4] Weshalb üben Bauwerke, die, zumeist im Vorübergehen übersehen, schlimmstenfalls als »Die ungeliebten Baudenkmäler der Nachkriegszeit«[5] apostrophiert werden, eine solche Faszination aus?

Im vorliegenden Band werden Spurengänge zu einem Gebäude unternommen, das im Wesentlichen ein Werk der 1960er-Jahre ist. Doch wer den Flughafen in seiner heutigen Gestalt vor Augen hat, nimmt unweigerlich zur Kenntnis, dass sich die historische Bausubstanz bereits verändert hat – im Vergleich etwa zum Düsseldorfer Pendant nur marginal – und dass dem Gebäudekomplex neuere Teile hinzugefügt worden sind, darunter ein zweiter Terminal, eine der Kommunikation zwischen den bestehenden Fluggaststeigen dienende Halle, der sogenannte Starwalk, aber auch Parkhäuser sowie ein Bahnhof. Damit einher ging eine Neugestaltung des Corporate Designs des Flughafen-Unternehmens, was selbstredend auch für die (alte wie neue) Architektur virulent wurde. Da die ständige Modifikation von Verkehrsbauten durch Anpassung an veränderte Verhältnisse zum Charakteristikum dieses Architekturtyps gehört, wird darauf zurückzukommen sein.

Die Spurengänge führen zum älteren Terminal des Flughafens Köln/Bonn als einem in seiner architekturgeschichtlichen Bedeutung unumstrittenen Denkmal der Nachkriegsmoderne hin. Die Studie zeichnet dessen Voraussetzungen, seine Genese und Rezeption nach. Dabei gilt es, gegenüber der Forschungsliteratur konkreter zu fassen und genauer herauszuarbeiten, inwiefern die Köln/Bonner Lösung innovativ war und ob hier sogar »eine neue Typologie«[6] entstanden ist, die als für jüngere Bauten maßgeblich anzusprechen wäre. Um angesichts des umfangreichen Quellenmaterials – der Bestand des Architekturmuseums der Technischen Universität München umfasst aus dem Nachlass des Architekten über 6.200 Blätter, fast 1.000 Fotos und weitere Archivalien sowie 1 Modell – zu einer konzisen Darstellung zu gelangen, werden die Planungs- und Entwurfsprozesse anhand jener Bild- und Textquellen dargestellt, die in einer von 1958 bis 1971 von der Flughafengesellschaft herausgegebenen Zeitschrift namens »Die Startbahn« der interessierten Öffentlichkeit dargeboten wurden.

Gestellt wird in dieser Studie die methodisch keineswegs erledigte Frage, welche Rolle Architekt bzw. Architekturbüro bei einem derart durch seine Funktionalität bestimmten Bau überhaupt spielen konnten und ob es sich – provokant gefragt – überhaupt um Bau-*Kunst* handelt.[7] Antworten sind hier nicht zu geben ohne eine kompakte Einführung in die grundlegenden Modelle der Organisation von Flughafenterminals sowie in Studien und Konzepte zu deren Anbindung an den urbanen und regionalen Raum. Diskutiert und anhand der Quellen überprüft werden schließlich die in der Literatur vorgetragenen Ansätze einer symbolischen Deutung der spezifischen Formen des Gebäudes.

FLUGHAFENBAUTEN – CHARAKTERISTIKA

Flughäfen, eine erst im 20. Jahrhundert entstandene Unterkategorie der Verkehrsbauten, sind als Orte des Übergangs oder des Dazwischen Membranen.[8] Durch sie hindurch bewegen sich Passagierströme,[9] die über einen bloßen Ortswechsel hinaus intensiven Transformationsprozessen unterzogen sind. Diese vielgestaltigen Prozesse beginnen bereits bei der Anfahrt, die sich entweder im Individualverkehr (insbesondere im PKW) oder in öffentlichen Verkehrsmitteln (Bus und Bahn) ereignet.

Bei ihrer Ankunft am Flughafen sind Reisende bereits in einer bestimmten Weise mental disponiert: ausgeruht oder müde, auf Urlaubs- oder Geschäftsreise, mit ausreichendem zeitlichen Vorlauf oder in Zeitnot. Die mentale Disposition der Reisenden bedingt ihrerseits die Wahrnehmung oder Nicht-Wahrnehmung der Flughafengebäude.[10] Das Urteil, das die Fluggäste über Empfangsgebäude und Fluggaststeige fällen, hängt also in erster Linie davon ab, ob die Flughafenarchitektur funktional gut aufgestellt ist. Ist eine ausreichende Anzahl an Check-in-Schaltern geöffnet? Wie hoch ist die Wartezeit an den Kontrollstellen? Sind die Wege innerhalb des Gebäudes kurz? Ist die Orientierung zum Flugsteig aufgrund einer gut lesbaren, eindeutigen und ausreichend beleuchteten Beschilderung leicht möglich – auch in durch Hektik bestimmten Situationen und bei Beeinträchtigung des Sehvermögens? Sind Angebote des Einzelhandels und der Gastronomie vorhanden und befriedigen diese die spezifischen Bedürfnisse der »Zielgruppe Reisende« sowie all jener, die sich aus anderen Gründen am Flughafen aufhalten?[11]

Wer Flughafenbauten zunächst und zuvorderst als Reisende und Reisender wahrnimmt, mag gerade in puncto Funktionalität konstatieren, dass die architekturgeschichtliche Bedeutung eines solchen Gebäudes oder Gebäudekomplexes nachrangig ist. Dies gilt, wie oben bereits angedeutet, in besonderer Weise für Flughafenbauten der Nachkriegsmoderne mit ihrem Primat der Funktionalität und Effizienz. Unter denjenigen, die in der vom Wirtschaftswunder geprägten Zeit der 1950er- und 1960er-Jahre am komplexen Entstehungsprozess solcher Anlagen beteiligt waren, lassen sich jedenfalls mühelos Gewährsleute für diesen Primat finden. So prognostizierte 1963 ein Vorstand der zehn Jahre zuvor unter dem Namen »Aktiengesellschaft für Luftverkehrsbedarf« (LUFTAG) gegründeten, 1954 in »Deutsche Lufthansa AG« umbenannten Linienfluggesellschaft, »daß dem heute üblichen – meist sehr repräsentativen – *Flughafengebäude künftig eine geringere Bedeutung zukommen wird*«.[12] Von Seiten der Forschung kann man Edward Blankenship als Gewährsmann für diese Ansicht heranziehen, der 1974 behauptete, bestimmte Lösungen der Bauaufgabe Flughafen seien dann unbefriedigend geblieben, wenn »ästhetische Gesichtspunkte der Funktionalität übergeordnet wurden«.[13]

Der von 1959 bis 1970 geplante und gebaute Terminal 1 des Flughafens Köln/Bonn, der im Kölner Stadtbezirk Porz, Stadtteil Grengel, und im Stadtgebiet Troisdorf gelegenen ist, lässt, wie im Folgenden noch auszuführen sein wird, in bemerkenswert klarer Weise ein Oszillieren zwischen technisch-funktionalen Herausforderungen und gestalterischen Ansprüchen, die ein Architekt zu befriedigen hätte, erkennen. Es wird sich zeigen, dass der Antagonismus zwischen Funktionalität und Ästhetik, zwischen technische Lösungen findendem Ingenieur und gestaltendem Architekten hier de facto nicht besteht. Gerade beim Köln/Bonner Flughafen haben Funktionalität und zeitgenössische Ästhetik, aber auch Repräsentationsbedürfnis und architektonische Symbolik in außergewöhnlich überzeugender Art und Weise zusammengefunden. Schließlich handelt es sich in mehrfacher Hinsicht um ein Prestigeprojekt: Es ist der Flughafen der Rheinmetropole Köln, vor allem aber der langjährige Regierungsflughafen der Bundeshauptstadt Bonn. Mit Paul Schneider-Esleben, dessen Werk zuletzt 2015–2016 anlässlich seines 100. Geburtstags durch Ausstellungen in München,[14] Düsseldorf, Wuppertal und Hamburg gewürdigt worden ist, konnte einer der namhaftesten Architekten der nordrhein-westfälischen, ja überhaupt der sogenannten Zweiten Nachkriegsmoderne in der Bundesrepublik Deutschland gewonnen werden.

Dass ein Flughafengebäude grundsätzlich leicht erweiterbar sein muss, um auf steigende Passagierzahlen reagieren zu können, zählt zu seinen spätestens seit Beginn des Düsenzeitalters im Entwurfsprozess mitgedachten Eigenschaften. Sowohl erweiternde Modifikationen des Bestehenden oder Neubauten als auch die zumeist durch kommerzielle Interessen motivierte, regelmäßige Neugestaltung von Innenräumen macht den denkmalpflegerischen Umgang mit Flughafenbauten zu einer besonderen Herausforderung. Auch dies lässt sich vortrefflich am Beispiel Köln/Bonn aufzeigen. So lösten Bestrebungen der Organe der Denkmalpflege, den Flughafen unter Denkmalschutz zu stellen, heftige Reaktionen in der Öffentlichkeit aus:

> Da es sich bei diesem Baudenkmal natürlich um einen unter vielfältigen Aspekten sensiblen Komplex handelt, hatte das [Rheinische] Amt [für Denkmalpflege, Anm. Bodemann] zur Erörterung möglicher und vermeintlicher Probleme infolge einer Unterschutzstellung ein gemeinsames Gespräch mit allen Beteiligten vorgeschlagen. Dieses wurde jedoch abgelehnt und statt dessen eine nicht ganz unpolemische Reaktion in den Medien eröffnet, die das fachliche Votum diffamierte und den wirtschaftlichen Niedergang der Region Köln-Bonn prophezeite, falls der Denkmalschutz wirksam werden sollte.[15]

Die eingangs nur angedeutete, hier endlich als Charakteristikum bestimmte »Flüchtigkeit« dieser Architektur verpflichtet dazu, das Bau-*Werk* mit denkmalpflegerischer Verve in Text und Bild in einer Weise sichtbar zu machen, die seinen historischen Ort, seine spezifischen ästhetischen und funktionalen Qualitäten, aber auch seinen individuellen Werkcharakter erkennen lässt. Daher wird sich die vorliegende Studie als insofern betont engagiert erweisen, als dass sie anhand eines bestimmten, mittlerweile bereits historischen Bauwerks die Augen öffnen und das Interesse wecken möchte für eine Bau-*Kunst,* die seit fast sechzig Jahren in Gestalt von Verkehrsbauten, Banken, Rathäusern oder Universitäten, Kulturbauten und anderen Denkmälern substanzieller Bestandteil des öffentlichen Lebens ist.

ZUR TYPOLOGIE DES FLUGHAFENTERMINALS ALS BAUAUFGABE DER MODERNE

Mit Beginn des Düsenjetzeitalters, das die Flugreise schlagartig vom exklusiven Ereignis zum Phänomen des Massentransports

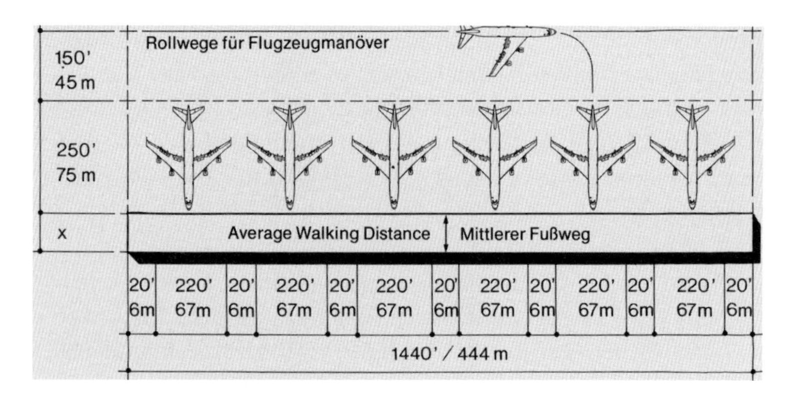

1 Schema des Linearsystems, Ausschnitt (Edward G. Blankenship, The Airport. Architecture, Urban Integration, Ecological Problems = Der Flughafen. Architektur, urbane Integration, Ökologie, Stuttgart 1974, 38)

avancieren ließ, stiegen die Zahlen der beförderten Passagiere pro Jahr erheblich an.[16] Nach Ende des Zweiten Weltkriegs bis in die 1950er-Jahre hinein waren nicht wenige der Flugplätze auf deutschem Boden noch in militärischer Hand und damit für die zivile Nutzung nicht oder nur begrenzt freigegeben. Sowohl auf die steigenden Passagierzahlen als auch auf die Abfertigung der kontinuierlich größer werdenden Maschinen bis hin zum »Jumbo-Jet«, der Boeing 747, deren Erstflug am 9. Februar 1969 stattfand, hatten die zivilen Verkehrslandeplätze zu reagieren. Diese Entwicklung wurde dadurch verschärft, dass der Weg, den die Passagiere vom Fahrzeug bis zum Flugzeug und andersherum zurücklegen mussten, auf ein Minimum verkürzt werden sollte. Im ältesten Typus von Flughafenbauten, dem Linearterminal (Abb. 1), hatte sich für dieses Problem zwar bereits eine ebenso einfache wie effiziente Lösung manifestiert. Diese führte jedoch bei größer werdenden Anlagen dazu, dass die Distanz Fahrzeug – Flugzeug größer wurde, insbesondere dann, wenn zunächst ein zentrales Empfangsgebäude passiert werden musste oder die Anreise nicht mit dem Individualverkehr, sondern mit öffentlichen Verkehrsmitteln erfolgte.

Das Bestreben, einen Ausgleich zu finden zwischen dem zunehmenden Platzbedarf der Airliner einerseits und dem Komfortwunsch der Passagiere andererseits, führte zur Entwicklung weiterer Schemata der Organisation von Flughafenterminals. Innerhalb

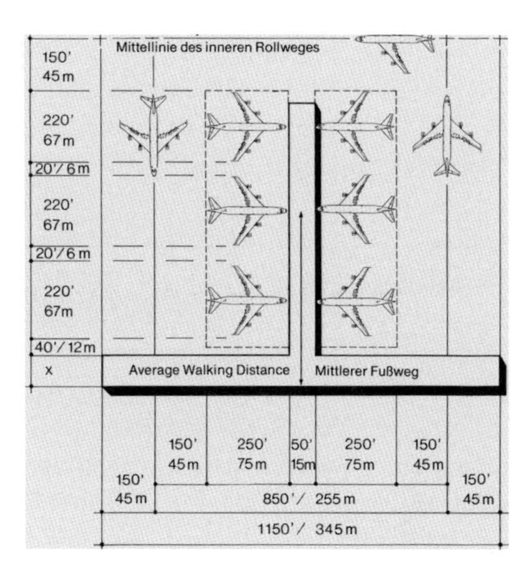

2 Schema des Piersystems, Ausschnitt (Edward G. Blankenship, The Airport. Architecture, Urban Integration, Ecological Problems = Der Flughafen. Architektur, urbane Integration, Ökologie, Stuttgart 1974, 34)

dieses Spannungsfeldes haben sich schon seit den 1930er-Jahren vier Grundsysteme herausgebildet, die miteinander kombinierbar sind:[17]

1. Das *Linearsystem* wird gebildet aus einem Terminalgebäude, vor das die Passagiere landseitig direkt vorfahren (Abb. 1). Luftseitig werden die Flugzeuge erreicht. Die durchschnittliche zu Fuß zurückzulegende Strecke ist gering. Ein weiteres Hauptmerkmal des Linearsystems ist seine Erweiterbarkeit durch die Aneinanderreihung mehrerer funktional und architektonisch selbständiger Einheiten. Dabei können standardisierte Bauteile verwendet werden.[18]

2. Beim *Piersystem* ist der Terminal über sogenannte Fingerflugsteige mit in unmittelbarer räumlicher Nähe zu den Flugsteigen disponierten Warteräumen verbunden (Abb. 2). Dies hat jedoch den Nachteil, dass sich die durchschnittliche Strecke, die ein Passagier zwischen Vorfahrt und Flugzeug zurückzulegen hat, erheblich verlängert. Ein signifikanter Vorteil dieses Systems liegt hingegen – entsprechende Vorplanungen bzw. Geländereserven vorausgesetzt – in der unkomplizierten Erweiterbarkeit der Anlage durch Anfügen zusätzlicher Fingerflugsteige an den Haupt- oder ein Nebenterminal sowie in der Möglichkeit, durch eine zweigeschossige Anlage die Ströme der abfliegenden und ankommenden Passagiere

voneinander zu trennen.[19] Dieses System galt in den 1950er- und 1960er-Jahren in Fachkreisen als die bestmögliche Lösung, bevor in Köln/Bonn erstmals in Europa eine auf dem »Drive-in-System« basierende Anlage realisiert wurde.[20]

3. Das *Satellitensystem* ist insofern mit dem Piersystem verwandt, als sich die Passagiere nach dem zentralen Check-in im Empfangsgebäude des Terminals in dezentral gelegene Warteräume begeben (Abb. 3). Von hier aus gelangen sie über Fluggaststeige in das Flugzeug. Im Unterschied zum Piersystem werden beim Satellitensystem die auf dem Vorfeld als separate Gebäude erscheinenden Warteräume durch unterirdische Gänge erreicht. Die Wege sind dementsprechend lang, allerdings kommen regelmäßig Transportsysteme wie Rollbänder zum Einsatz. Bei dem Satellitensystem zuzurechnenden Anlagen werden verschiedene Abfertigungsfunktionen, die beim Piersystem dem Hauptgebäude zugewiesen sind, in die Satelliten verlegt und somit dezentralisiert (neben den Warteräumen finden sich hier also Dienstleistungs- und Serviceeinrichtungen).

4. Das *Mobilsystem* bezieht beim Transport der Passagiere vom Terminalgebäude zum Flugzeug mobile Transportsysteme ein (Abb. 4). Dabei handelt es sich um fahrbare Warteräume, die auf Hubwagen angebracht sind. Als Beispiel für eine Kombination von Pier- und Mobilsystem sei auf den Düsseldorfer Flughafen verwiesen, genauer gesagt auf den 1970 begonnenen Terminal 2, heute Terminal A – C: Hatte der Passagier im zentralen Abfertigungsgebäude eingecheckt, so erreichte er das Flugzeug über Fingerflugsteige. Ab April 1982 waren zudem drei sogenannte Lift-Lounges im Einsatz, mobile Warteräume, die man ebenerdig betrat. Analog zu den Lieferwagen der Cateringfirmen wurden die Lift-Lounges auf dem Vorfeld auf die Höhe der Eingangstüren der Flugzeugkabine hochgefahren.[21]

Bei einer neu zu errichtenden Anlage wie jener in Köln/Bonn stellte sich im Planungsprozess die Frage nach der Wahl des Systems oder einer Kombination in ebenso neuer wie drängender Weise, da am rechtsrheinischen Standort – der erste Flughafen der Stadt Köln, der Butzweilerhof, liegt auf der linken Rheinseite – weder bereits

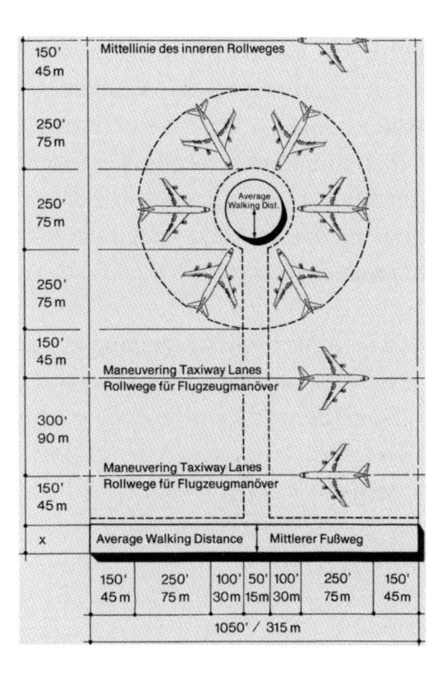

3 Schema des Satellitensystems, Ausschnitt (Edward G. Blankenship, The Airport. Architecture, Urban Integration, Ecological Problems = Der Flughafen. Architektur, urbane Integration, Ökologie, Stuttgart 1974, 36)

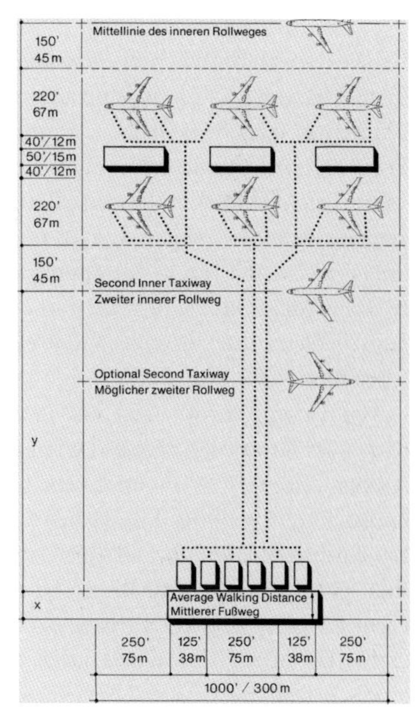

4 Schema des Mobilsystems, Ausschnitt (Edward G. Blankenship, The Airport. Architecture, Urban Integration, Ecological Problems = Der Flughafen. Architektur, urbane Integration, Ökologie, Stuttgart 1974, 40)

existente Gebäudeformationen erweitert werden mussten noch konnten. Das war eine Chance und Herausforderung gleichermaßen.[22] Lösungsmöglichkeiten wurden naturgemäß schon in einer der architektonischen Realisation vorausgehenden Planungsphase diskutiert, wobei zunächst nicht etwa ein Architekt, sondern Verkehrsplaner und Bauingenieure federführend waren. Lösungen waren zwangsläufig individuell:

> Da immer wieder neuartige Flugzeuge, Geräte und Behelfe entwickelt werden, gibt es noch keine festen Luftverkehrsbaubegriffe oder -normen. Die Flughäfen sind deshalb auf das Improvisieren sowie Experimentieren angewiesen; das macht sich auch in der Gestaltung bemerkbar.[23]

DAS DRIVE-IN-KONZEPT UND SEINE ANWENDBARKEIT AUF VERKEHRSBAUTEN

Im Vor- und Umfeld der Planungen für die neu zu errichtende Flughafenanlage Köln/Bonn mit einem aus Empfangsgebäude und Fluggaststeigen bestehenden Terminal wurde ein Konzept diskutiert, das man heute wohl eher mit Schnellrestaurants in Verbindung bringen dürfte: das sogenannte Drive-in-Konzept. Dessen Grundidee besteht darin, die im Individualverkehr oder mit öffentlichen Verkehrsmitteln anreisenden Passagiere möglichst nah an das Flugzeug heranzuführen, damit sie vom Verlassen des PKW bis zum Betreten der Flugzeugkabine nur wenige Schritte zurückzulegen brauchen.

Um zu prüfen, ob und wie in Deutschland Flughafenanlagen nach dem Drive-in-Konzept errichtet werden können, führten Karl Albert Reitz und Wilhelm Grebe im Auftrag der Deutschen Lufthansa AG, Abteilung Bodendienst, Anfang der 1960er-Jahre eine Studie durch. Die 1963 veröffentlichte Untersuchung reagierte auf drei zentrale Forderungen bzw. Notwendigkeiten: erstens die Koordination des stetig zunehmenden Passagieraufkommens, zweitens die Reduzierung der Wartezeiten auf ein Minimum, drittens die möglichst übersichtliche Disposition der Abfertigungsanlagen.[24]

Das Drive-in-Konzept war im Oktober 1962, als Reitz und Grebe ihre Studie erstmals vorstellten,[25] in den Vereinigten Staaten von Amerika bei Banken und Kinos bereits weit verbreitet. Die Kunden und Gäste erreichten nicht nur mit dem PKW jenen Ort, an welchem die in Anspruch genommenen Dienstleistungen erbracht wurden oder das Unterhaltungsprogramm konsumiert werden konnte, direkt. Sondern sie konnten auch in ihrem Wagen sitzenbleiben, wodurch mögliche Anstrengungen auf ein Minimum reduziert waren. Bei Warenhäusern vermochten die Kunden mit dem Wagen immerhin möglichst nah an den Einkaufsort heranzufahren – eine Konstellation, die im Grundsatz auch bei Flughäfen vorliegt. So konstatieren Reitz und Grebe:

> Als Idealfall wäre anzusehen, wenn der Fluggast mit dem Beförderungsmittel, mit dem er zum Flughafen kommt [...], direkt bis an die Flugzeugtreppe fahren kann. Je weniger ein Flughafen von diesem Idealfall abweichen wird, desto besser erfüllt er die Forderungen des Großteils der Passagiere.[26]

Als erster Drive-in-Flughafen überhaupt gilt gemeinhin der Los Angeles International Airport, der seit 1961/62 in Betrieb ist und für die zu diesem Zeitpunkt im Entstehen begriffene Köln/Bonner Anlage wahrscheinlich eine Bezugsgröße darstellte.[27] Aufgrund der dezentralen Abfertigung, die dem Drive-in-Konzept inhärent ist, wird zudem verschiedentlich der Airport New York Idlewild (seit 1963 John F. Kennedy International Airport) als Vorbild genannt. Hier hatte man bereits 1954 von der zentralen Abfertigung Abstand genommen und begonnen, mit sogenannten Unit-Terminals zu operieren, die je einer anderen Fluggesellschaft zur Verfügung standen. Diese fertigten die auf ihre Linien gebuchten Passagiere via Gate-check-in dezentral ab,[28] wobei sich eine kurze Distanz Zufahrt/Parkplatz – Vorfeld ergab.[29] Unter der Leitung von Thomas M. Sullivan und Wallace K. Harrison war eine sogenannte Terminal City entwickelt worden, die aus dem zentralen, für Reitz und Grebe vorbildlichen International Arrival Building,[30] einem Kontrollturm und sieben Abflugterminals sowie dem erforderlichen Straßennetz nebst Parkplatzangebot bestand. Von der New Yorker Lösung übernahmen Reitz und Grebe den langgestreckten

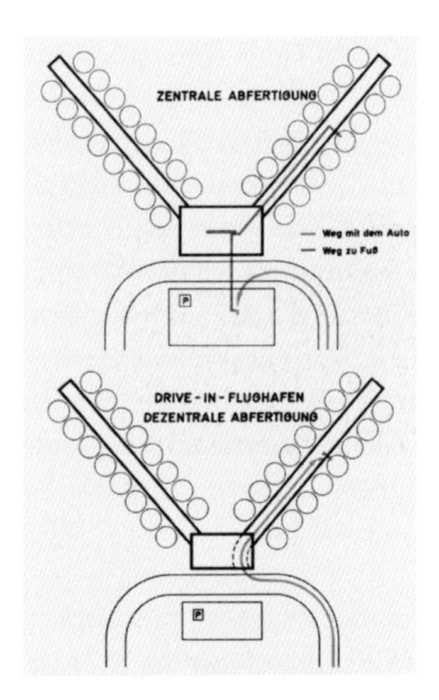

5 Schema der zentralen (links) und dezentralen Abfertigung (rechts) (Karl Albert Reitz / Wilhelm Grebe, Der »Drive-in« Flughafen. Konzept für moderne Flughafengebäude, [Köln 1963], 7)

Finger-Terminal mit dezentraler Abfertigung (Abb. 5). Hier trennen die Passagiere, welche die Zufahrt erreicht haben, nur wenige Meter vom Flugzeug. Indem sie jedoch die parzellenartige Aufteilung des Fingerflugsteigs ablehnten und eine Lösung suchten, die das beidseitige Andocken der Flugzeuge an den Flugsteig ermöglichte, gingen Reitz und Grebe über das New Yorker Vorbild hinaus. Auch die Vorfahrt, die in New York der landseitigen Längsseite des Terminals folgt, weicht bei Reitz und Grebe einer unterirdischen Anlage: Straße, Haltestreifen und vereinzelte Parkplätze[31] werden in einem eigenen Geschoss in den Terminal inkorporiert (Abb. 6).[32] Der Fluggast kann somit in theoretisch beliebig langen Fingerflugsteigen sämtliche Abfertigungsschalter und Warteräume sowie die Zoll- und Passkontrollen auf kurzem Wege erreichen:

> Während bei der bisher angewandten zentralen Abfertigung der Fluggast von der Vorfahrt bzw. vom Hauptparkplatz durch die Abfertigungshalle und die Fingerflugsteige bis zum Flugzeug laufen muß – Entfernungen, die auf großen Flughäfen bis zu 600 m betragen können – bleiben beim Drive-in-Flughafen nur noch wenige Schritte von der unterirdischen Vorfahrt bis zum direkt darüber liegenden Abfertigungsschalter im Finger übrig.[33]

6 Drive-in-Flughafen, Zufahrtebene (Karl Albert Reitz / Wilhelm Grebe, Der »Drive-in« Flughafen. Konzept für moderne Flughafengebäude, [Köln 1963], 11)

Zu erwähnen ist mit Blick auf die am Flughafen Köln/Bonn realisierte Lösung noch der Verbindungsgang für Transitpassagiere, der laut Reitz und Grebe architektonisch unaufwändig erscheinen, mit den Flugzeugpositionen mittels Rolltreppen kommunizieren und an ein Restaurant angeschlossen sein soll.[34] Ihn zu errichten sei jedoch unbedingt erforderlich, damit die nationalen Verkehrsströme nicht von den internationalen baulich getrennt werden müssen und die Transitpassagiere somit innerhalb ein und desselben Gebäudes umsteigen können.

Sofern die Fingerflugsteige eine Länge von 250 Metern nicht überschreiten, halten Reitz und Grebe »die alleinige Vorfahrt vor dem Empfangsgebäude [für] ausreichend [...] Eine dezentrale Abfertigung ist also nicht vor [*recte:* von, Anm. Bodemann] einer direkten Zufahrt abhängig«.[35] Generell verliert das Hauptterminalgebäude im Drive-in-Flughafen keineswegs seine Existenzberechtigung. Hier sollen die Angebote der Gastronomie, Bankschalter, eine Poststelle und andere Dienstleister untergebracht werden. Sie aufzusuchen bleibt jedoch Passagieren vorbehalten, auf die das Drive-in-Konzept gar nicht abgestellt ist, weil ihnen ein entsprechendes Zeitkontingent zur Verfügung steht. Auch jene Passagiere, die direkt von der Vorfahrt über (Roll-)Treppen zu den Parkpositionen des Flugzeugs streben, haben noch die Möglichkeit, an in den Abfertigungs- und Wartebereichen eingerichteten Verkaufsständen verschiedene Waren zu erwerben.[36]

DER FLUGHAFEN UND DIE STADT DER MODERNE

Mit der von Reitz und Grebe vorgelegten Studie wird jener Moment greifbar, in dem das unabhängig vom Flughafenterminal entstandene Drive-in-Konzept diesseits des Atlantiks auf Verkehrsbauten übertragen wird. Durch Verkürzung optimiert wird dabei die letzte Strecke zwischen dem Punkt, an dem die Passagiere das landseitige Verkehrsmittel verlassen, und jenem, an welchem sie das luftseitige betreten. Im Grundsatz bestehen bleibt die Distanz zwischen dem Flughafen, der aus verschiedenen Gründen im Randbereich von Städten oder Ballungszentren errichtet wurde und wird, und dem Stadtkern selbst, der bestenfalls über dem Schnellverkehr vorbehaltene Fernverkehrsstraßen oder den Bahnverkehr an den Flughafen angebunden ist.[37] Städtebauliche Konzepte der Moderne haben jedoch schon wesentlich früher Lösungen zur Reduktion der Distanz (Innen-)Stadt – Flughafen entwickelt. Es sind visionäre, wenn nicht utopische Konzepte, die weit über das Schnellstraßen- bzw. das Drive-in-Konzept hinausgehen, wobei sie zeitbedingt zunächst noch mit verhältnismäßig kleinen Flugzeugen mit Propellerantrieb rechnen.

Um den Rahmen der vorliegenden Studie nicht zu sprengen, seien nur zwei Beispiele genannt. Der dem Futurismus zuzuordnende Architekt Antonio Sant'Elia (1888–1916) legte von 1912 bis 1914 eine Serie von Zeichnungen vor, die ein Konzept der Neuen Stadt (La Città Nuova) erkennen lassen. In das letztgenannte Jahr datiert eine Zeichnung in Tusche, Bleistift und blauem Farbstift auf Transparentpapier (Abb. 7).[38] Sie erscheint auf dem von Sant'Elia herausgebrachten Flugblatt »Manifest der futuristischen Architektur« vom 11. Juli 1914, wo sie einen bestimmten Bereich der Stadt der Zukunft exemplifiziert.[39] Bereits im Mai des Jahres hatte Sant'Elia in Mailand in der gleichnamigen Ausstellung der Gruppe Nuove Tendenze sechzehn Zeichnungen gezeigt. Der Katalog listet an erster Stelle keinen anderen als den hier betrachteten Entwurf eines Bahnhof-Flughafens für die Stadt Mailand auf, wobei dieser Entwurf die Idee der Neuen Stadt *in nuce* enthält.

Im Grunde genommen projektiert Sant'Elia eine Drive-in-Lösung *avant la lettre:* Die Passagiere erreichen in Eisenbahnzügen

7 Antonio Sant'Elia, Flughafen und Bahnhof (für Eisenbahnzüge) mit Seilbahnen und Aufzügen auf drei Straßenebenen, 1914, Como, Musei Civici

8 Le Corbusier, Ansicht des Zentralbahnhofs, umgeben von vier Wolkenkratzern, »Plan Voisin« de Paris, 1925 (© F.L.C./VG Bild-Kunst, Bonn 2018)

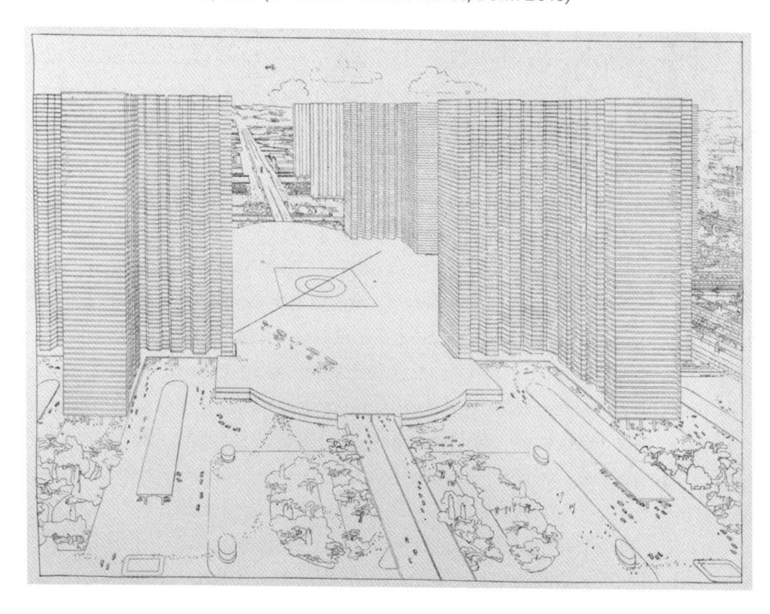

9 Messerschmitt-Bölkow-Blohm, nicht ausgeführtes Projekt für das Kurz- und Senkrechtstart-Transportflugzeug BO 140, geplante Indienststellung 1977/78 (Die Startbahn, Heft 34/35 [1969/70], 17)

den zentral gelegenen Bahnhof. Mit Hilfe von Seilbahnen gelangen sie von den Bahnsteigen zu den Flugsteigen, die in einer höheren Ebene direkt hinter dem Bahnhof liegen. Im Hintergrund dehnt sich das Flugfeld bis zum Horizont aus. Der Flughafen wird zudem durch Aufzüge in groß dimensionierten Türmen erreicht, welche die obere Seilbahnstation flankieren und zugleich von den umliegenden Gebäuden abgrenzen. Sant'Elia visualisiert hier die sicherlich als utopisch anzusprechende Idee, den Flughafen nicht in den städtischen Randgebieten, sondern im Stadtzentrum zu errichten. Gleichwohl wird in der Verschränkung von Architektur und Infrastruktur der innovative Zug der Visionen Sant'Elias greifbar, die nicht die Bewegung von Einzelnen, sondern den Strom der Massen kalkulieren.[40]

Die bei Sant'Elia erkennbare Verquickung von Architektur und Infrastruktur lässt sich in vielleicht noch konsequenterer Weise bei dem nur unwesentlich älteren Le Corbusier (1887–1965) beobachten.[41] Zu dem 1925 im Pavillon de l'Esprit Nouveau in Paris ausgestellten, nach dem Auftraggeber benannten »Plan Voisin«, einem mehrteiligen Entwurf der modernen Idealstadt am Beispiel der Seine-Metropole, gehört eine in Aufsicht genommene Darstellung des Zentralflughafens (Abb. 8). Er wird flankiert von vier Wolkenkratzern. Unterhalb des Flugfeldes, das wie eine Verbindung aus Vorfeld, Rollwegen sowie Start- und Landebahnen anmutet, sind

10 Konzept des Stadtflughafens »CentAirStation«, Ansicht geöffnet, 1. Juni 2016 (© Bauhaus Luftfahrt)

zwei parallel geführte Straßen zu erkennen, die den Bildraum in seiner ganzen Tiefe durchmessen. Im linken Bilddrittel deutet Le Corbusier an, wie er sich den Zugang der Reisenden zu den Flugzeugen vorstellt: Die Passagiere betreten das Flugfeld aus dem untersten Geschoss des durch Rundpfeiler (*pilotis*) vom Boden entrückten Gebäudes. Eine stärkere Verkürzung der Wege vom Lebensraum zum Transportmittel lässt sich schwerlich imaginieren. Auch in einem anderen Zusammenhang hat Le Corbusier die Verkürzung von Wegen als allgemeinen Vorteil der modernen Metropole herausgestrichen: »Die Entfernungen, die zu durchmessen sind, sind also drei- bis viermal so klein und die Ermüdung des einzelnen hat sich um ein drei- bis vierfaches verringert«.[42]

Die Vorstellung, Flughäfen direkt in das Zentrum der Städte zu verlegen, entspringt keineswegs nur den mehr oder weniger utopischen Vorstellungen visionär begabter Architekten der Vergangenheit. Sondern sie findet regelmäßig Niederschlag in stadtplanerischen Projekten, und das bis in die Gegenwart hinein. Auch hierfür seien zwei Beispiele aufgeführt: In den 1960er-Jahren – zu jener Zeit also, als die neuen Abfertigungsanlagen des Flughafens Köln/Bonn geplant und errichtet wurden – projektierte die Firma Messerschmitt-Bölkow-Blohm ein militärisch wie zivil nutzbares

Transportflugzeug, die BO 140, die 1977/78 hätte in Dienst gestellt werden sollen (Abb. 9). Die Maschine war darauf ausgelegt, kurze Startbahnen nutzen zu können (Short Take-Off and Landing, STOL) und sogar senkrecht zu starten (Vertical Take-Off and Landing, VTOL). Dementsprechend zeigt Abb. 9 in der linken unteren Bildhälfte einen Start- und Landeplatz auf dem Dach eines Hochhauses, das inmitten einer Stadt errichtet ist. Am unteren Rand der rechten Bildhälfte erscheinen dementsprechend Fußgänger, die nicht zuletzt den Maßstab der geplanten Anlagen verdeutlichen.

Man braucht indes nicht einmal in die zweite Hälfte des 20. Jahrhunderts zurückzugehen, um Notiz davon zu nehmen, dass und wie in Fachkreisen Konzepte einer möglichst direkten räumlichen Verbindung von Transportsystemen und Städten erörtert werden. Abb. 10 zeigt ein solches aktuelles Konzept für einen Stadtflughafen namens CentAirStation. Dieses Konzept ist mit dem zuvor vorgestellten Projekt insofern verwandt, als dass auch hier ein Flugzeugmuster mit STOL-Eigenschaften vorausgesetzt wird,[43] nun jedoch nicht propeller-, sondern strahlengetrieben. Das 640 Meter lange und 90 Meter breite Gebilde vereint Start- und Landebahn sowie den Flughafenterminal. Die in den oberen Stockwerken gelegenen Abfertigungsanlagen kommunizieren über Treppen und Aufzüge mit tiefer gelegenen Stockwerken, die dem PKW-, Fahrrad- und Bahnverkehr vorbehalten sind. Die Flugzeuge werden zwischen der Start- und Landeebene sowie dem darunterliegenden Geschoss, in welchem sie betankt werden und gleichzeitig neue Passagiere aufnehmen – was gegenwärtig meines Wissens nur unter Einhaltung besonderer Vorschriften gestattet ist –, mit Fahrstühlen bewegt. Dieses von Studierenden der Glasgow School of Art und vom Bauhaus Luftfahrt entwickelte Modell erinnert an den von der Grazer Planungsgruppe Süd-Ost angefertigten Entwurf für den Neubau des Flughafens Berlin-Tegel, der den vertikalen Transport der Passagiere zwischen Vorfeld- und Abfertigungsebene mittels senkrecht bewegter Fördermittel vorsieht.[44]

Im Anschluss an diese etwas ausführlichere Einleitung widmet sich das folgende Kapitel dem Ausbau des Flughafens Köln/Bonn zum interkontinentalen Düsenverkehrsflughafen der Bundeshauptstadt und der Rheinmetropole sowie der umliegenden Region.

AUSBAU ZUM INTERKONTINENTALEN DÜSENVERKEHRSFLUGHAFEN KÖLN/BONN

1950: NEUBEGINN IN DER WAHNER HEIDE

Im Dezember 1950 wurde die »Köln-Bonner Flughafen Wahn G. m. b. H. zu Porz« gegründet. Zugleich erhielt die Flughafengesellschaft die Genehmigung, den 1937 in der Wahner Heide angelegten militärischen Flugplatz, der nach Ende des Zweiten Weltkriegs zu einem Stützpunkt der britischen Luftstreitkräfte ausgebaut worden war, zivil zu nutzen. Die nordrhein-westfälische Landesregierung hatte zuvor beschlossen, den Flugplatz Wahn zum interkontinentalen Düsenverkehrsflughafen Köln/Bonn (zunächst »Rhein-Ruhr«) auszubauen.[45] Grund hierfür waren die hervorragenden meteorologischen Bedingungen, die große Flächenausdehnung des Geländes und eine nur spärliche Randbesiedlung. Allerdings diente die Anlage von 1952 bis 1957 erneut als britischer Militärflughafen, was die Möglichkeit einer zivilen Nutzung stark einschränkte. 1951–1952 hatte man erste Abfertigungsanlagen errichtet, die für 300.000 Passagiere pro Jahr ausgelegt waren.[46]

Die vollständige Freigabe für die zivile Nutzung, die erst am 18. Juli 1957 erfolgte, sowie das beginnende Zeitalter des Düsenluftverkehrs mit explosionsartig ansteigenden Passagierzahlen machten den Ausbau des Flughafens Köln/Bonn unumgänglich. Dies sei, wie seinerzeit Flughafendirektor Heinrich Steinmann betonte, »mit verhältnismäßig geringen Mitteln« möglich und schlösse »entsprechende Abfertigungsanlagen« mit ein.[47] In einer ersten Baustufe sollte die Start- und Landebahn verlängert, in einer zweiten schließlich neue Abfertigungsanlagen errichtet werden.[48] Die in Spannbeton ausgeführte große Start- und Landebahn wurde 1961 vom Kölner Kardinal Frings in einem eigens vom Vatikan ausgearbeiteten und approbierten Ritus benediziert.[49]

Die nur zehn Jahre zuvor errichteten Anlagen mussten bereits im Jahr der Fertigstellung der neuen Start- und Landebahn erweitert werden, wobei von vornherein klar war, dass es sich um ein Provisorium handelt. Die nach Plänen von W. Lethgau errichtete bzw. erweiterte Anlage umfasste ein Empfangs- und Abfertigungsgebäude mit einer Vorhalle, die Informationsschalter, Postanlage, Bank und Verkaufsstände enthielt (Abb. 11–12). In einer zweiten, daran angrenzenden Halle befanden sich die Abfertigungsschalter und andere Einrichtungen der Fluggesellschaften. Die hierauf wiederum folgenden Warteräume waren nach Ziel (Inland/Ausland) getrennt. Flughafenrestaurant und -außenterrasse sowie weitere gastronomische Einrichtungen dienten der Verköstigung von Passagieren und Ausflüglern. Ein Konferenz- und ein Gesellschaftsraum standen für diplomatische Empfänge bereit. Die erweiterten Anlagen hatten ein Abfertigungsvolumen von 1.000.000 Fluggästen pro Jahr, wobei die Anlage 1961 mit 297.000 Passagieren bereits zu knapp einem Drittel ausgelastet war.[50]

1959–1963: STUDIEN ZUM GENERALAUSBAUPLAN

1959 begannen die Vorplanungen zum weiteren und nachhaltigen Ausbau des Flughafens Köln/Bonn. Eine erste, in der flughafeneigenen Zeitschrift veröffentlichte Planfolge umfasst Gesamt- und Detailstudien zum Generalausbauplan. Sie ist von der Flughafengesellschaft und dem Hochbauamt der Stadt Köln bzw. dem Staatsneubauamt Verkehrsflughäfen vorgelegt worden. Als beratender Architekt trat Heinrich Kosina in Erscheinung.[51] Zunächst ging es jedoch darum, funktionale Aspekte zu diskutieren und zu klären; gestalterische Fragen spielten dabei noch keine Rolle, ja man hätte sie sogar als lästig empfunden.

Im Zusammenhang mit den Studien zum Generalausbauplan ist zu bedenken, dass es sich hierbei um ungleich komplexere Vorbereitungen handelt als üblicherweise für Bauten des öffentlichen Raums notwendig.[52] Im Folgenden sind im Stil eines Katalogs in fortlaufender Nummerierung zunächst die in der genannten Zeitschrift publizierten Studien zum Generalausbauplan (SG) doku-

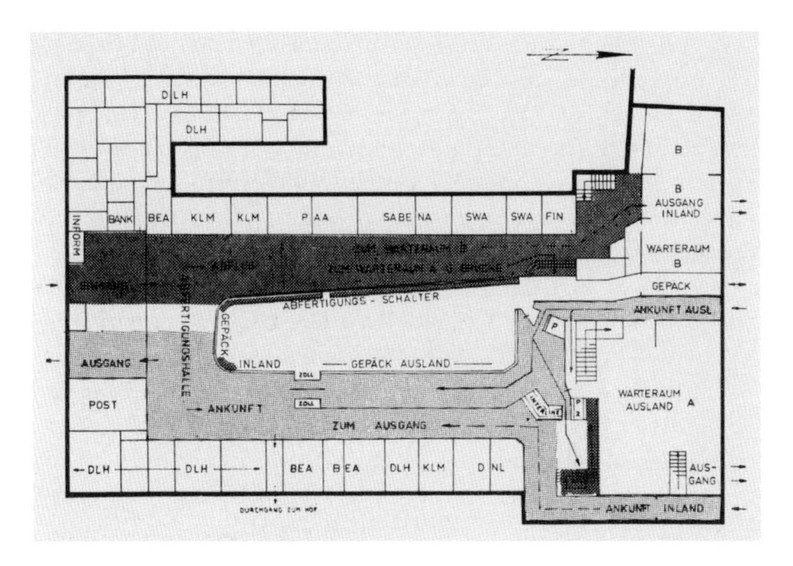

11 Köln, Flughafen Köln/Bonn, Empfangsgebäude, Schemazeichnung der 1952 errichteten und hernach kontinuierlich ausgebauten und erweiterten Abfertigungsanlagen, Zustand 1963 (Werner Treibel, Geschichte der deutschen Verkehrsflughäfen. Eine Dokumentation von 1909 bis 1989, Bonn 1992, 303)

12 Köln, Flughafen Köln/Bonn, schematische Darstellung der Bauzone, Stand 1964/65 (Werner Treibel, Geschichte der deutschen Verkehrsflughäfen. Eine Dokumentation von 1909 bis 1989, Bonn 1992, 302)

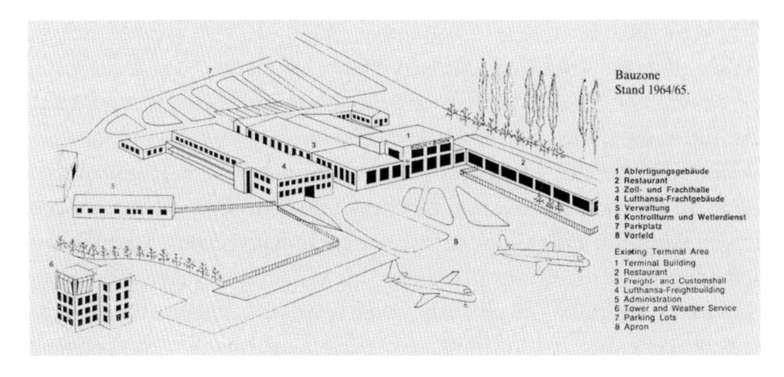

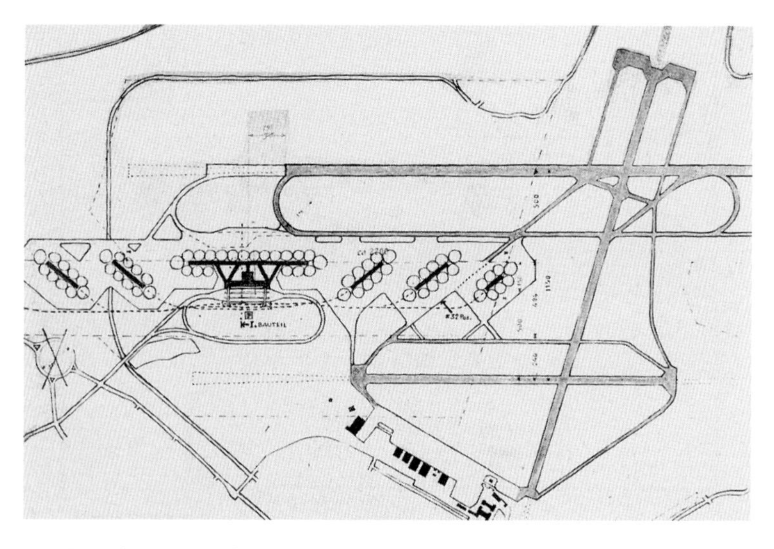

13 Flughafengesellschaft Köln/Bonn und Heinrich Kosina: Studie zum Generalausbauplan, Juni 1959 (Die Startbahn, Heft 14/15 [1964], 16)

mentiert und kommentiert, wobei nach Möglichkeit über den einzelnen Plan hinausgehende Zusammenhänge beleuchtet werden. Darauf folgen die ebenfalls in der Zeitschrift »Die Startbahn« veröffentlichten Entwürfe des Architekten Paul Schneider-Esleben (PSE), die vertragsgemäß auf den Generalausbauplan bezogen sind, die vorherigen Planungen jedoch in entscheidender Weise zu einer als ideal anzusprechenden Lösung zusammenführen und modifizieren werden.

SG 1.1 (ABB. 13–14)

Studie zum Generalausbauplan, Juni 1959

An der ersten Studie zum Generalausbauplan war, wie bereits erwähnt, neben der Flughafengesellschaft der Flughafenkonsulent Heinrich Kosina in beratender Funktion beteiligt. Abb. 13 lässt einen Terminal erkennen, der über eine ellipsenförmige Straße erreicht wird. Er besteht aus einem Hauptgebäude, das mit einem dazu zwar parallel orientierten, aber deutlich längeren Fingerflugsteig über V-förmige Verbindungsgänge kommuniziert. Gegenüber

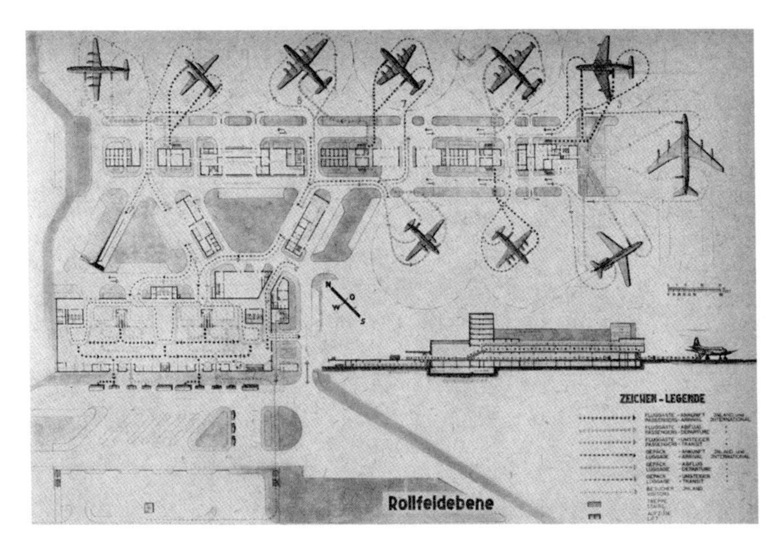

14 Vorfeldebene, Detailstudie (Die Startbahn, Heft 14/15 [1964], 17)

dem Terminal, in südwestlicher Richtung, von der Ellipse eingeschlossen, ist ein Parkplatz oder ein Parkhaus vorgesehen. In der finalen Ausbaustufe – von Anfang an war ein wirtschaftlich sinnvoller stufenweiser Ausbau der Anlage vorgesehen – hätten unmittelbar an diesem langen Fingerflugsteig 20 Flugzeugpositionen zur Verfügung gestanden. Eine beim Durchqueren des Terminals zurückzulegende Strecke von höchstens 60 Metern hätte dem Prinzip der kurzen Wege, wie das Drive-in-Konzept es verlangt, Genüge getan. Weitere 48 Flugzeugpositionen wären über mit dem Empfangsgebäude nicht verbundene, gegenüber diesem um 45 Grad gedrehte, an kleinere Fingerflugsteige erinnernde Satelliten bereitgestellt worden. Es handelt sich also um eine Kombination aus Pier- und Satellitensystem (vgl. Abb. 2–3).

Abb. 14 wird als Detailstudie hinsichtlich der Struktur des Terminalinneren konkreter. Der Grundriss gibt die Raumaufteilung an und veranschaulicht mittels gepunkteter Linien die Passagier-, mittels gestrichelter Linien die Gepäckströme. Ein der Detailstudie hinzugefügter Querschnitt durch das Hauptgebäude lässt erkennen, dass die Passagiere den Terminal über eine Zufahrt, die auf Höhe der für den Gepäcktransport vorgesehenen Ebene gelegen

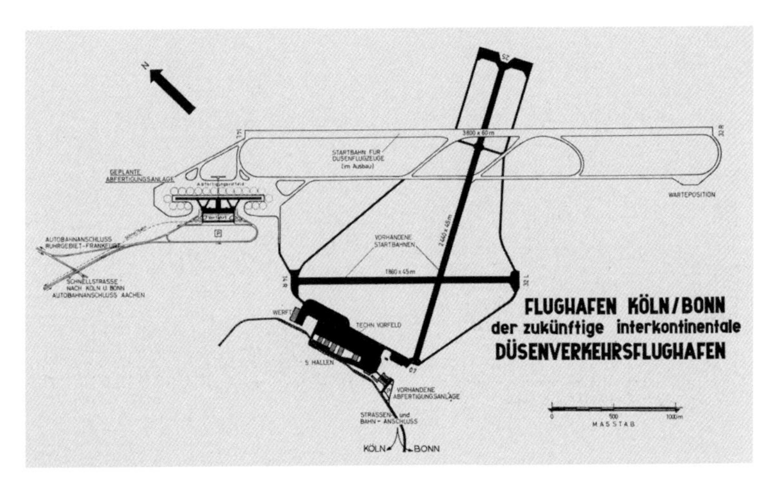

15 Flughafengesellschaft Köln/Bonn, Heinrich Kosina und Hochbauamt der Stadt Köln: Studie zum Generalausbauplan, September 1959 (Die Startbahn, Heft 14/15 [1964], 16)

ist, direkt erreicht hätten. Für die Gepäckannahme bzw. -abgabe und andere mit Check-in verbundene Aktivitäten war eine Empfangshalle vorgesehen. Die abfliegenden und ankommenden Passagiere sollten über in einem Obergeschoss liegende Verbindungsgänge und daran angeschlossene Fluggaststeigbrücken (siehe etwa Abb. 16 oben) das Flugzeug betreten bzw. verlassen.

Ankommende Passagiere hätten den Terminal in Richtung der Abfahrtsebene verlassen, die mit dem Rollfeld auf einer Höhe liegt. Den umsteigenden Fluggästen wäre ein erstes, mezzaninartiges Obergeschoss im Verbindungsgang vorbehalten gewesen. Ein zweites, immer noch die gesamte Tiefe des Gebäudes durchmessendes, also von der Eingangshalle bis an das Vorfeld führendes Obergeschoss wäre schließlich von den Besucherinnen und Besuchern frequentiert worden, die so einen für sie vorgesehenen Raum erreichen konnten, von dem aus sie einen freien Blick auf das Vorfeld gehabt hätten.

Oberhalb der Treppenläufe, die Empfangshalle und Flugsteige miteinander verbinden, sind weitere Obergeschosse disponiert. Sie bilden einen Querriegel, der aufgrund seiner den gesamten Terminal überragenden Höhe zusammen mit der niedrigeren zentralen Eingangshalle landseitig ohne Zweifel eine fassadenähnlich Wirkung entfaltet hätte.

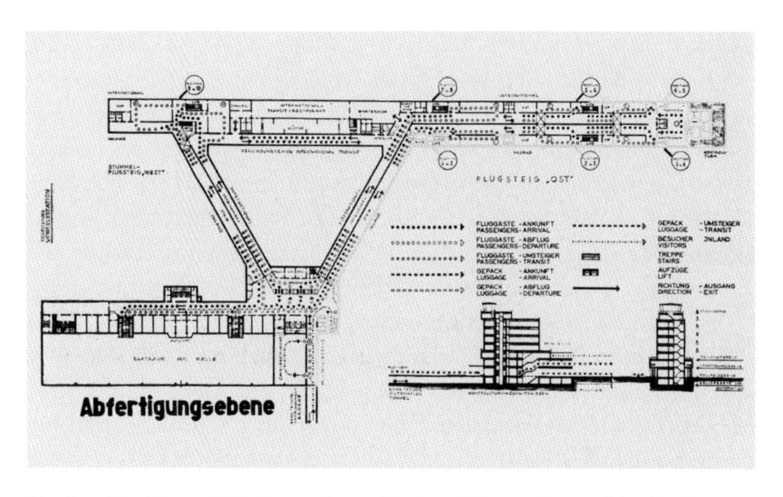

16 Detailstudie zur Abfertigungsebene (Die Startbahn, Heft 14/15 [1964], 17)

SG 1.2 (ABB. 15–16)

Studie zum Generalausbauplan, September 1959

Unter Hinzuziehung des Hochbauamtes der Stadt Köln wurde SG 1.1 systematisiert (Abb. 15) und im Detail weiter ausgearbeitet (Abb. 16). Terminal und Fingerflugsteig mit 20 Flugzeugpositionen erscheinen hier jedoch ohne die in SG 1.1 verzeichneten Satelliten; damit ist die Anlage dem Piersystem zuzuordnen (vgl. Abb. 2). Laut eines im Oktober 1959 gefassten Beschlusses sollte das Staatsneubauamt auf der Grundlage von SG 1.2 den Vorentwurf zum Generalausbauplan vorlegen.

Zu SG 1.2 gehört wiederum eine Detailstudie (Abb. 16). Sie lässt erkennen, dass die V-förmig zwischen Empfangsgebäude und Flugsteig eingeschobenen Verbindungssteige im Inneren baulich unterteilt werden sollten, um im Inland reisende Passagiere vom internationalen Passagierstrom zu trennen. Nicht voneinander getrennt sind hingegen abfliegende und ankommende Passagiere. Der dritte, vorfeldseitige Schenkel des durch die V-förmigen Verbindungsgänge und den Fingerflugsteig entstehenden Dreiecks ist im Grundriss als »Verbindungsgang international Transit« bezeichnet, wobei in diesem Bereich, unmittelbar zum Vorfeld hin orientiert und sicherlich in groß dimensionierten Fenstern geöffnet, das Transitrestaurant liegt. Ansonsten findet die gesamte Abfertigung vor Betreten einer Durchgangsschleuse statt, die in Richtung der Verbindungssteige hätte durchschritten werden müssen. Flugsteig Ost, der in dieser Vorstudie als einziger exemplarisch ausgearbeitet ist, schließt nach Osten mit dem Kontrollturm ab. In den Flugsteigen sind Warteräume, VIP-Räume, Mutter-und-Kind-Räume sowie die Büros der Luftverkehrsgesellschaften zu finden.

Da das Piersystem eine zentrale Abfertigung vorsieht, lässt SG 1.2 ebenso wie SG 1.1 eine mittig angeordnete Empfangshalle erkennen (Abb. 15, links oben). Diese Halle, die direkt an die PKW-Vorfahrt angrenzt, ist mehrere Geschosse hoch (Abb. 16) und bestimmt daher die äußere Gestalt der gesamten Anlage klarerweise mit. Die Wege der Passagiere von der Vorfahrt bis zum Flugzeug und andersherum sind umso länger, je weiter außen die Parkposition des Flugzeugs liegt, höchstens jedoch doppelt so lang.

SG 1.3 (ABB. 17)
Studie zum Abfertigungsgebäude, August 1960

Eine dritte frühe Studie konzentriert sich auf die Abfertigungsgebäude und zeigt um kürzerer Wege willen gekappte Fingerflugsteige, an deren Enden Tunnel beginnen (Abb. 17). Diese verbinden die Fingerflugsteige mit axial auf sie bezogenen Satellitengebäuden. Die Satelliten erscheinen hier – im Unterschied zu SG 1.1 (Abb. 13) – als zweistöckige Zentralbauten, die gegenüber dem Flugsteig, auf den sie je axial bezogen sind, um 45 Grad gedreht wurden. Durch die Tunnel erreichen Gepäck und Passagiere die Flugzeuge, letztere zu Fuß oder unter Nutzung eines Transportmittels.

Diese Lösung erinnert an den Flughafen Genf-Cointrin, der von 1962 bis 1968 zu einer für das beginnende Düsenzeitalter gerüsteten Anlage ausgebaut worden ist.[53] Vorfeldseitig sind bei der Genfer Anlage – ergänzend zu den Andockpositionen am Fingerflugsteig – Satelliten vorgesehen, welche von den Passagieren durch unterirdische Tunnel erreicht werden, und zwar fußläufig, obwohl sich die Satelliten in erheblichem Abstand vom Abfertigungsgebäude befinden und daher mit weiten Wegen zu rechnen ist (Abb. 18).[54]

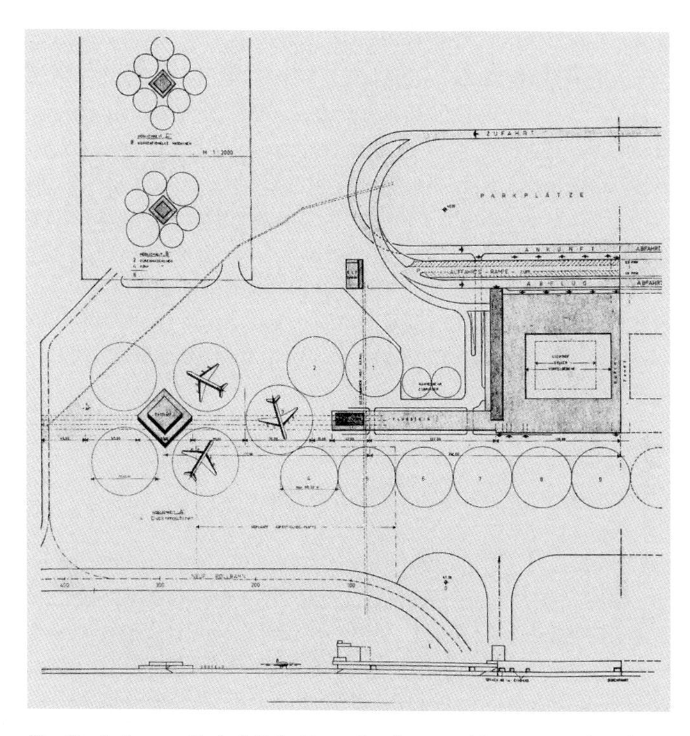

17 Flughafengesellschaft Köln/Bonn: Studie zum Abfertigungsgebäude, August 1960 (Die Startbahn, Heft 14/15 [1964], 18)

18 Genf-Cointrin, Flughafen, Schematischer Lageplan im Maßstab 1:5000 (Bauen + Wohnen. Schweizer Ausgabe 22, Heft 10 [1968], 353)

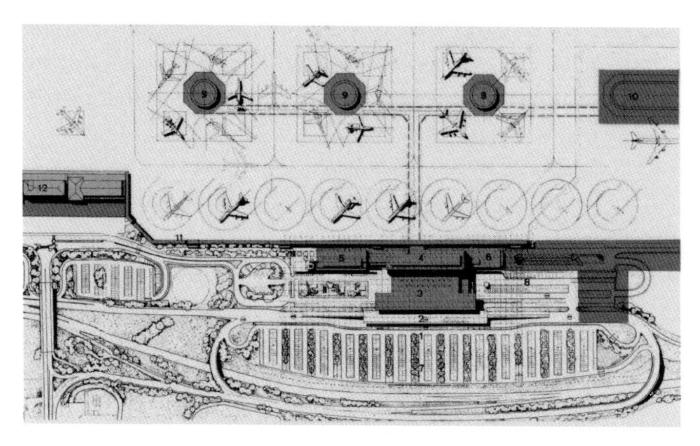

Zur Relevanz von SG 1.3 für Köln/Bonn und darüber hinaus erklärte Flughafendirektor Steinmann: »Dieser, an einem Modell demonstrierte, durch Veröffentlichungen und im Fernsehen bekanntgewordene Plan ist von ausländischen Flughäfen aufgegriffen worden und hat ausländische Planungen befruchtet.«[55] Nicht erst die tatsächlich gebauten Empfangs- und Abfertigungsanlagen des Flughafens Köln/Bonn, sondern bereits deren frühe, öffentlichkeitswirksam präsentierten Entwürfe konnten mit einem hohen Interesse Dritter rechnen – ein Phänomen, das Metaphern wie Bacillus coloniensis oder Virus Coloniensis provozieren wird.[56]

SG 1.4 (ABB. 19)
Studie zum Abfertigungsgebäude, Dezember 1960

Eine vierte Studie der Flughafengesellschaft (Abb. 19), diesmal vom Dezember 1960, spielt den Gedanken durch, eine relativ einfache Variante des Linearsystems (vgl. Abb. 1) mit dem Satellitensystem (vgl. Abb. 3) zu verbinden. Wäre dieser Entwurf realisiert worden, so hätte die Abfertigung in einem zentralen, querrechteckigen Gebäude stattgefunden, wobei einige wenige Parkpositionen direkt am Empfangsgebäude kurze Wege garantieren konnten. Vom zentralen Empfangsgebäude aus wären die Passagiere zu Fuß oder mit Bussen zu den auf dem Vorfeld geparkten Flugzeugen gelangt oder hätten diese über einen Satelliten erreicht.

SG 1.4 unterscheidet sich von SG 1.1 (Abb. 13) insbesondere dadurch, dass nur ein einziger Satellit vorgesehen ist. SG 1.4 könnte sich allerdings auch auf eine erste, in weiteren Schritten analog zu SG 1.1 erweiterte Ausbaustufe beziehen, was den genannten Unterschied wieder nivellieren würde.

1959 richtete die für den Staatshochbau zuständige Behörde der Regierung Köln eine neue Baudienststelle mit der Bezeichnung »Staatsneubauamt Verkehrsflughäfen (Wahn)« ein.[57] Leiter der Behörde wurde der habilitierte Bauingenieur Friedrich (Fritz) Hermann Wolters (1905–1981), der mit seinen Mitarbeitern auch für den Ausbau der Flughäfen Düsseldorf und Münster verantwortlich zeichnete. Das Staatsneubauamt legte nun folgende Planungen vor:

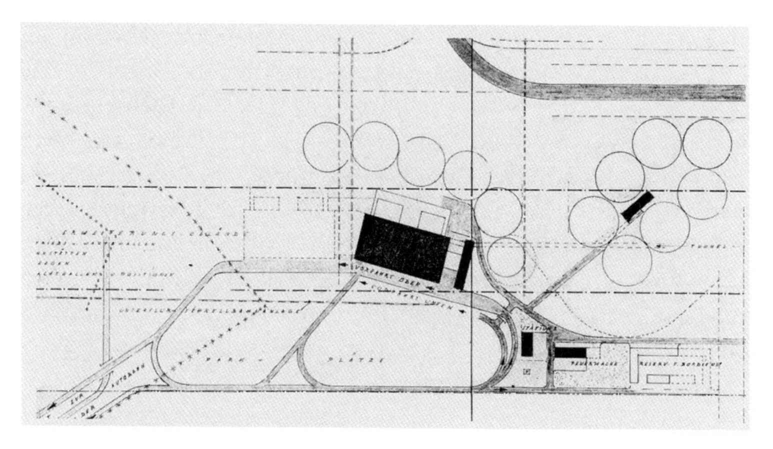

19 Flughafengesellschaft Köln/Bonn, Studie zum Abfertigungsgebäude, Dezember 1960 (Die Startbahn, Heft 14/15 [1964], 20)

SG 2.1 (ABB. 20)

Vorplanung zum Generalausbauplan unter Berücksichtigung bestehender Studien, November 1961

Neben einer der realisierten Verkehrsführung schon beträchtlich nahekommenden Anordnung der heran- und abführenden Straßen zeigt dieser Entwurf (Abb. 20) eine Kombination aus SG 1.1 (Abb. 13) bzw. SG 1.2 (Abb. 15) und der mit SG 1.1 verwandten Studie SG 1.4 (Abb. 19). Gegenüber SG 1.1 und SG 1.2 ist bei SG 2.1 die Dimension des Terminalhauptgebäudes im Verhältnis zu den Fingerflugsteigen signifikant vergrößert worden. Des Weiteren hat man die V-förmigen Verbindungsgänge durch einen schmalen, im rechten Winkel eingefügten Gang – einer je Fingerflugsteig – ersetzt. Die Anlage ist nun zum Zweck der Vermeidung von Reflexionen der elektromagnetischen Wellen, die durch das damals neu entwickelte automatische Instrumentenlandesystem (ILS) erzeugt werden, gegenüber der Start- und Landebahn schräg geführt, und zwar parallel zu einem Rollweg.[58]

Die bereits in SG 1.4 (Abb. 19) im Anschluss an SG 1.1 (Abb. 13) niedergelegte Idee, nicht nur Satelliten zu errichten, sondern auch einen davon weit in das Vorfeld hinein auszugliedern, wird in SG 2.1 bekräftigt. Dabei erscheinen die schmalen, längsrechtecki-

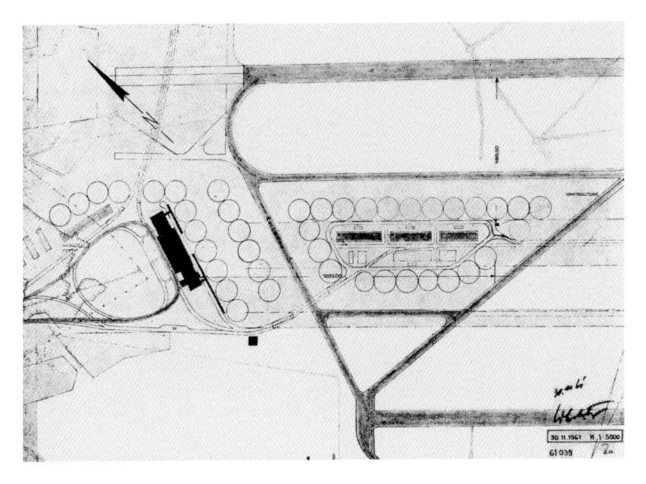

20 Staatsneubauamt Verkehrsflughäfen, Vorplanung unter Berücksichtigung bestehender Studien (vgl. Abb. 13 und 15), November 1961 (Die Startbahn, Heft 14/15 [1964], 20)

gen Satelliten wie dem Linearsystem (vgl. Abb. 1) entsprechend nebeneinander angeordnete, autarke Terminalgebäude. Die unterirdisch zugänglichen Satelliten sind von den Rollwegen allseitig umschlossen, was den Eindruck ihrer baulichen und funktionalen Eigenständigkeit verstärkt. Folgerichtig ist der Kontrollturm vom äußeren Ende des östlichen Fingerflugsteigs (vgl. Abb. 16) in Richtung der längeren Start- und Landebahn verlegt worden.

SG 2.2 (ABB. 21)

Lageplan zum Vorentwurf des Staatsneubauamtes Verkehrsflughäfen, April 1962

Der Lageplan SG 2.2 (Abb. 21) entwickelt die in SG 2.1 (Abb. 20) niedergelegte Idee entscheidend weiter, wobei den Planungen nun eine von den bisherigen Lösungen abweichende Abfertigungsmethode zugrundegelegt ist.[59] An die Stelle der zentralen Abfertigung im Empfangsgebäude tritt für 20 von 22 Positionen die in der oben erwähnten Studie als optimal ermittelte dezentrale Abfertigung. Diese findet innerhalb der Flugsteige statt und wird daher als Gate-check-in bezeichnet. Aus dieser erheblich modifizierten Konzeption

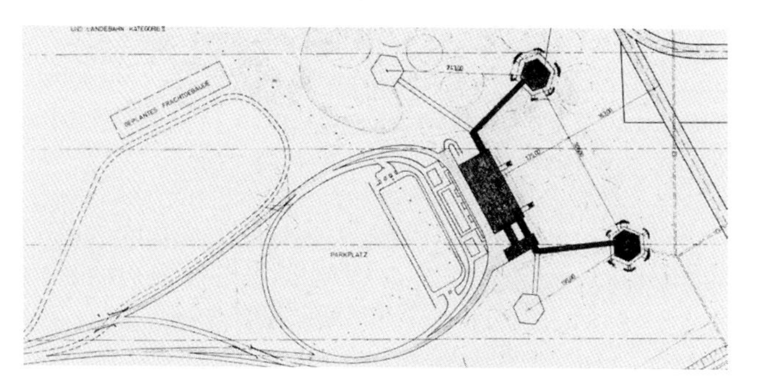

21 Lageplan zum Vorentwurf des Staatsneubauamtes Verkehrsflughäfen, April 1962 (Die Startbahn, Heft 14/15 [1964], 21)

folgt für die Architektur des Terminals, dass die vier nun in Gestalt von Flugsteigköpfen an ein zweiteiliges Hauptgebäude direkt angebundenen Satelliten erheblich vergrößert werden müssen, um sämtliche Abfertigungsfunktionen erfüllen zu können.[60] Dadurch übernehmen sie die Aufgabe eines Linearterminals mit dem Unterschied, dass keine unmittelbare Anbindung an die Zufahrts- bzw. Abfahrtsebene gegeben ist. Zudem werden sie über deutlich kürzere Verbindungsgänge erreicht.[61] Die Planungen sahen vor, in einer ersten Ausbaustufe zunächst nur zwei Flugsteigköpfe zu errichten, nach entsprechender Zunahme der Passagierzahlen dann zwei weitere.

Obwohl die Kernfunktionen des Terminals nun in die Satelliten verlegt sind, ist ein zentrales, gegenüber den Start- und Landebahnen aus den oben auf S. 35 genannten Gründen schräggestelltes Empfangsgebäude vorgesehen, das von den abfliegenden Passagieren zuerst, von den ankommenden zuletzt betreten wird.[62] Gegenüber dem Empfangsgebäude liegt das von den Straßen eingeschlossene Parkfeld mit Plätzen für etwa 3.000 PKW. Vorfeldseitig befinden sich an jedem der vier Satelliten fünf Abstellpositionen für Flugzeuge sowie zwei weitere an der vorfeldseitigen Längsseite des Hauptgebäudes. Wie Abb. 21 zeigt, konnte auch hier der ursprüngliche Plan, die Anlage etappenweise auszubauen, beibehalten werden – sofern zunächst das Hauptgebäude mit den beiden luftseitigen Flugsteigköpfen errichtet würde. Von diesen aus sollten Fluggastbrücken direkt an das Flugzeug heranführen, so dass die Passagiere ihren Sitzplatz trockenen Fußes zu erreichen vermochten.[63]

Zu SG 2.2 ist eine Äußerung Paul Schneider-Eslebens dokumentiert, die das Verhältnis zwischen den Vorgaben des Staatsneubauamtes und dem, was der Architekt exakt ein Jahr später zu entwickeln hatte, präzise benennt:

> Im April 1963 wurde der Architektenvertrag zur Planung des Flughafenabfertigungsgebäudes zwischen dem Staatsneubauamt Verkehrsflughäfen und mir als dem Architekten abgeschlossen. Das Staatsneubauamt hatte schon ca. vier Jahre vorher mit der Flughafengesellschaft viele technisch funktionelle Untersuchungen angestellt. So wurde mir mit dem Architektenvertrag ein Vorentwurf des Staatsneubauamtes übergeben [...] Um die Außenmauern des Gebäudes wurde eine rote Linie gezogen, um den Architektenvertrag damit konkret zum umreißen. Um den in jahrelangen und zahlreichen Vorstudien nun festgelegten inneren und äußeren Funktionsablauf des Abfertigungsgebäudes sollte sich nun die »Architektur« ranken. [...][64]

SG 2.3 (ABB. 22)

Studie zum Abfertigungsgebäude im Anschluss an den Lageplan zum Vorentwurf des Staatsneubauamtes Verkehrsflughäfen vom April 1962, Juli 1962

SG 2.3 zeigt in erster Linie Interesse an der Konzeption der beiden in einer ersten Baustufe zu errichtenden Flugsteigköpfe (Abb. 22). Die zweite oder sogar dritte Bauphase wird dabei nur angedeutet. Es wird die von Reitz und Grebe mit Blick auf den Drive-in-Flughafen für ideal befundene unterirdische Erreichbarkeit der Fluggaststeige durchgespielt: Zwischen den beiden zuerst gebauten Flugsteigköpfen oder Satelliten ist ein unterirdischer Verbindungstunnel eingetragen, ebenso zu den nur angedeuteten Flugsteigköpfen 3 und 4. Allerdings sind Straßensystem und Tunnelsystem noch voneinander getrennt, das heißt die abfliegenden Passagiere erreichen die Verbindungswege ausschließlich über das zentrale Empfangsgebäude, dem somit noch immer eine Scharnierfunktion zukommt. Die in dieser Studie sichtbar gemachten Planungen werden in der fol-

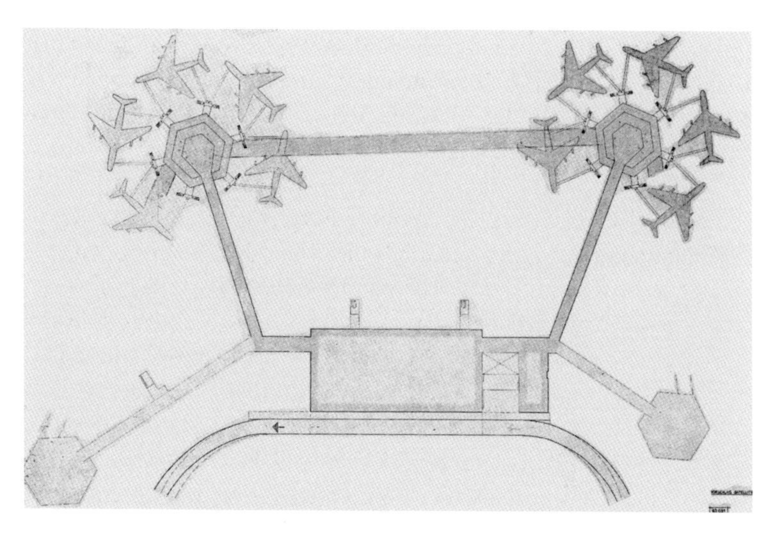

22 Studie der Flughafengesellschaft zum Abfertigungsgebäude im Anschluss an den Lageplan zum Vorentwurf des Staatsneubauamtes Verkehrsflughäfen vom April 1962, Juli 1962 (Die Startbahn, Heft 14/15 [1964], 24)

genden, in den Juni 1963 datierenden Studie SG 2.4 aufgenommen, fortgeführt und in zahlreichen Details konkretisiert.

SG 2.4 (ABB. 23–24)

Studie zum Abfertigungsgebäude, Juni 1963

Gesamtplan (Abb. 23) und Detailpläne (Abb. 24) lassen die Absicht erkennen, eine Anlage zu bauen, die – abgesehen vom Ersatz der Fingerflugsteige durch Satelliten – das in der oben erwähnten Studie adaptierte Drive-in-Konzept in einer gangbaren Weise verwirklicht. So stellte Flughafendirektor Steinmann fest:

> Von der Vorfahrt des Hauptgebäudes aus, in dem sich noch die Flugscheinverkaufsschalter befinden, und das deshalb hätte angefahren werden müssen, führte ein Anschluß von der Abfahrtstraße hinunter unter den ersten Flugsteigkopf. Der Tunnel war rechts im Uhrzeigersinn geführt, damit der Ausstieg jeweils rechts erfolgen konnte. Gegenüber der Einfahrt mündet der Tunnel wieder in die Abfahrtstraße auf der Parkplatz-

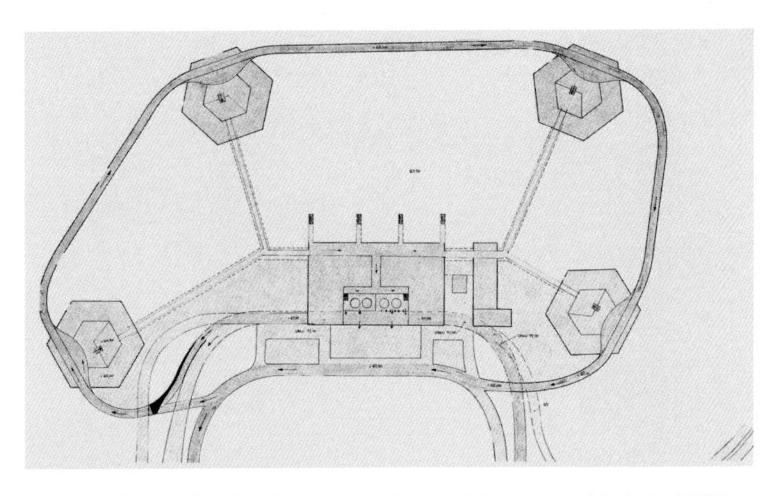

23 Flughafengesellschaft Köln/Bonn, Studie zum Abfertigungsgebäude, Juni 1963 (Die Startbahn, Heft 14/15 [1964], 24)

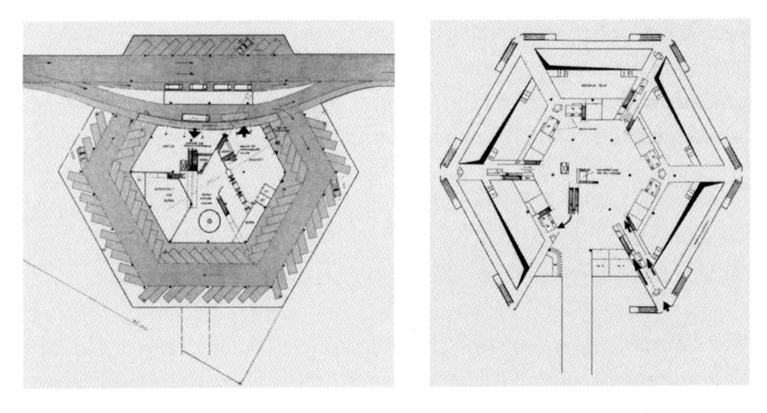

24 Detailstudien zum Flugsteigkopf. Links: Untergeschoss; rechts: Abflugebene (Die Startbahn, Heft 14/15 [1964], 26)

> ebene. [...] Die Anlage der Tunnelverbindung zu allen 4 Flugsteigköpfen würde es zulassen, daß der Fluggast mit PKW oder Bus bis unter die Abfertigungsstelle der Flugzeuge anfahren oder von dort auch wieder abfahren könnte. Damit war eine brauchbare Lösung des ›drive-in‹-Flughafens gefunden.[65]

SG 2.4 (Abb. 23) lässt zudem erkennen, dass in diesem Stadium der Planungen offenbar noch nicht geklärt war, ob an der Vorfeldseite

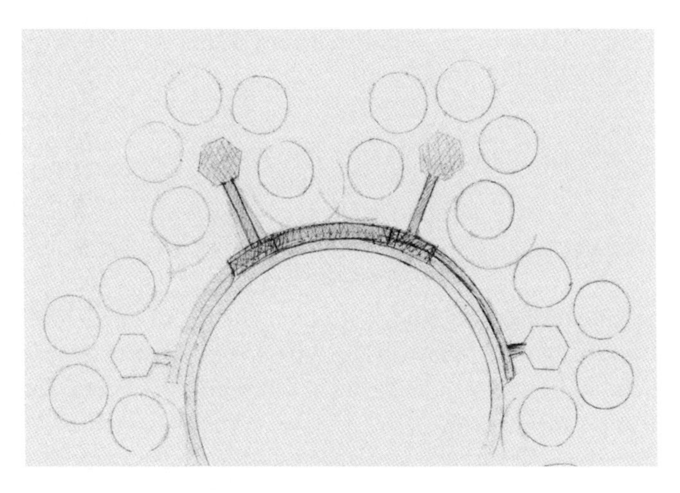

25 Staatsneubauamt Verkehrsflughäfen, Entwurf zum Abfertigungsgebäude, Juli 1963 (Die Startbahn, Heft 14/15 [1964], 30)

des Zentralgebäudes zwei oder vier Parkpositionen für Flugzeuge eingerichtet werden sollten. Dies dürfte kaum ein Symptom baukünstlerischer Überlegungen sein, die von den Ingenieuren sicherlich nicht angestellt wurden; vielmehr betrifft es Kapazitätsfragen.

SG 2.5 (ABB. 25)
Entwurf zum Abfertigungsgebäude, Juli 1963

Mit diesem Entwurf ist die später modifiziert aufgeriffene Idee dokumentiert, statt eines Empfangsgebäudes, das als eigenständiger Baukörper erscheint, eine dem Straßensystem folgende und daher kreisförmig um den Parkplatz herumgeführte Anlage zu errichten (Abb. 25). Diese Konfiguration wird in den zeitgenössischen Quellen als »Randgebäude« bezeichnet. Von diesem Randgebäude aus hätten die Passagiere über Verbindungsgänge die Flugsteigköpfe erreichen können. Somit entspricht das *Randgebäude* zwar nicht in seiner Gestalt, jedoch in seiner Funktion dem »klassischen« *Empfangsgebäude*. Problematisch an dieser Lösung wäre indes, dass nur bei direkter oberirdischer Zufahrt zu den äußeren Flugsteigköpfen das Prinzip der kurzen Wege hätte gewahrt werden können. Die Passagiere, die über die inneren Flugsteigköpfe zu ihren

Maschinen gelangt wären, hätten etwa dreimal so lange Wege zurücklegen müssen.

1963–1966: ENTWÜRFE AUS DEM ARCHITEKTURBÜRO SCHNEIDER-ESLEBEN

Der Beginn des nun folgenden Abschnitts der Planungs- und Entwurfsgeschichte des neuen Terminals am Flughafen Köln/Bonn wird dadurch markiert, dass die Vorentwürfe des Staatsneubauamtes von Paul Schneider-Esleben[66] (1915–2005) und seinen Mitarbeitern aufgenommen und weiterentwickelt wurden, wobei die Planungsprozesse zumindest im Jahr 1963 offenbar parallel abliefen. Zeichnungen und Modelle aus diesem Jahr wurden zunächst auf der Grundlage der Studien des Staatsneubauamtes entwickelt, da dem Architekten, wie oben bereits erwähnt, »mit dem Architektenvertrag ein Vorentwurf des Staatsneubauamtes übergeben« worden war (hier SG 2.2, Abb. 19).[67] Bei den im Folgenden betrachteten ausgewählten Entwürfen (PSE 3.1– PSE 3.4) handelt es sich, wie oben bereits erläutert, um diejenigen, die von der Flughafengesellschaft in der »Startbahn« publiziert worden sind.[68]

PSE 3.1 (ABB. 26–28, 30)

Büro Schneider-Esleben, Zeichnerische Studie und Entwurfsmodelle nach den Vorentwürfen des Staatsneubauamtes Verkehrsflughäfen, Oktober 1963

PSE 3.1 zeigt auf den ersten Blick eine Art Synthese von SG 2.2, SG 2.3 und SG 2.4 (Abb. 21–23). Gleichwohl manifestiert sich bereits in diesem ersten Planungsstadium eine dezidierte baukünstlerische Leistung des Architekten. Sie besteht darin, dass Schneider-Esleben die äußere Gestalt des Empfangsgebäudes klärt. Dieses erscheint im Grundriss (Abb. 26) zunächst als zwischen Straßen und Vorfeld eingeschobener, querrechteckiger Baukörper. Die Entwurfsmodelle lassen jedoch erkennen, dass es sich bei den an beiden Längsseiten erkennbaren zehn Anfügungen nicht etwa, wie bei

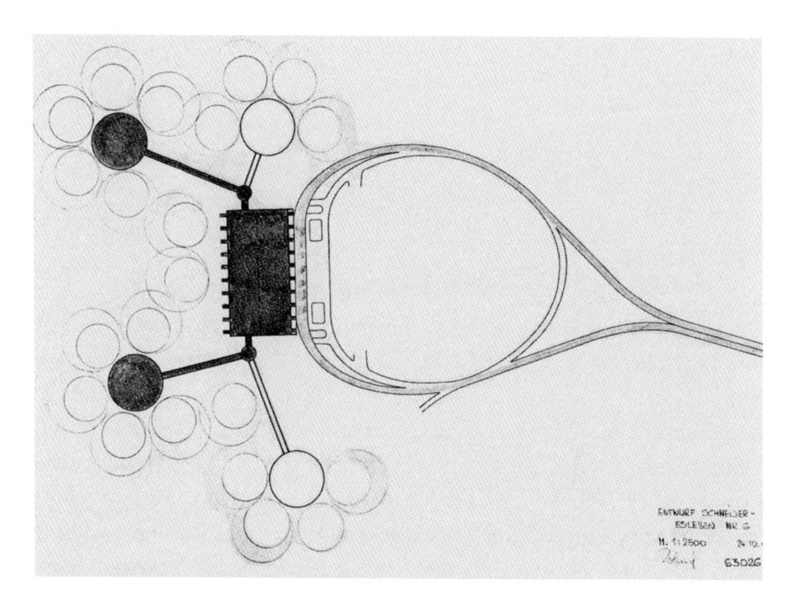

26 Büro Schneider-Esleben, Entwurf für Zufahrt und Terminal des Flughafens Köln/Bonn nach den Vorentwürfen des Staatsneubauamtes Verkehrsflughäfen, 24. Oktober 1963 (© Architekturmuseum der TU München)

27/28
Büro Schneider-Esleben, Entwurfsmodelle für Zufahrt, Empfangsgebäude und Flugsteigköpfe, Oktober 1963, Fotos: Inge Goertz-Bauer (© Architekturmuseum der TU München)

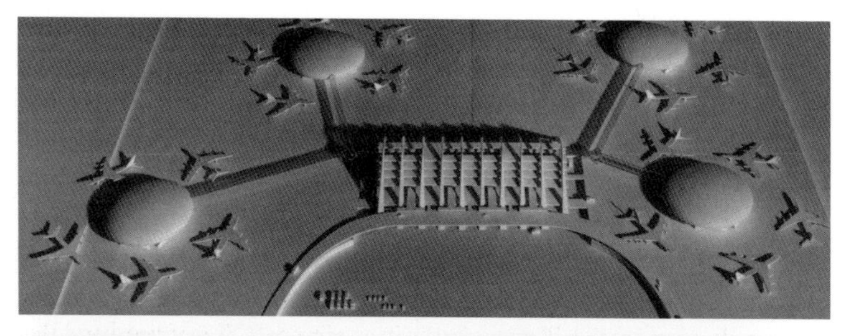

29 Paul Schneider-Esleben, Skizze zur Struktur der Hallenkonstruktion (© Architekturmuseum der TU München)

SG 2.2 (Abb. 21) und SG 2.3 (Abb. 22) bzw. SG 2.4 (Abb. 23), um zwei bzw. vier Flugzeug-Parkpositionen mit Fluggaststeigen handelt, sondern um über die Kubatur des Gebäudes hinaus auskragende, »betont dachbinderartige[] Konstruktionselemente«,[69] die aneinandergereiht sind und zwischen denen Deckenelemente eingehängt werden (Abb. 27–28).[70] Zeichnerische Studien zur Tragwerkstruktur der Halle (Abb. 29) verraten, dass Schneider-Esleben die Idee, die Längsbinder im Empfangsgebäude prismenartig zu verjüngen (Abb. 39–40), bereits zu diesem frühen Zeitpunkt entwickelt hat.[71]

Eine konsistente architektonische Gestalt modellierte Schneider-Esleben auch für die Flugsteigköpfe, wobei er Varianten erprobte: flach geformt Flugsteigköpfe auf der einen (Abb. 27), Satelliten in Gestalt sechszackiger Sterne auf der anderen Seite (Abb. 30). Letztere erinnern zwar an das Hexagon, das bereits in SG 2.3 (Abb. 22) und SG 2.4 (Abb. 23) angedacht worden war, formen dieses jedoch sternenförmig um. Die in eine solche Gestalt überführten Flugsteigköpfe eignen sich – form follows function! – hervorragend für ein Fluggastbrückensystem. Empfangsgebäude und Satelliten sind durch oberirdische Gänge miteinander verbunden; insofern weicht PSE 3.1 insbesondere von SG 2.4 (Abb. 23) signifikant ab. Was die Organisation des Zu- und Abfahrtsstraßensystems betrifft, folgt Schneider-Esleben den Vorgaben, wie sie wiederum Steinmann benannt hat: »Die Anfahrt zum Abflug sollte über eine gestelzte Ram-

30 Büro Schneider-Esleben, Entwurfsmodell für Zufahrt, Empfangsgebäude und Flugsteigköpfe (Satelliten) des Flughafens Köln/Bonn, Oktober 1963 (© Architekturmuseum der TU München)

penstraße (+ 5 m) erfolgen und die Abfahrt von der Ankunftsebene auf der darunterliegenden Parkplatzebene (– 5 m).«[72]

Im Folgenden sei aus dem ausführlichen Kommentar des Architekten zu dieser Stufe des Entwurfsprozesses zitiert:

> Da ich mich als Architekt nach der von vielen Fachleuten festgelegten Konzeption zu richten hatte, ging die erste Planung darauf hinaus, zunächst einmal die vom Staatsneubauamt als zweiteiligen Baukörper vorgesehene Abfertigungs- und Empfangshalle in einer Baumasse zu vereinigen [...] Es entstand eine Anlage mit ähnlichem Funktionsablauf. Das Empfangsgebäude wurde ein repräsentativer Bahnhof [sic], der in mehreren Geschoßplatten an große Betonblöcke durch Stahlseile frei aufgehängt war. Mit diesem architektonischen Ergebnis waren wir alle zunächst zufrieden. [...]
>
> Der Plan dieses großen zentralen Flugabfertigungsgebäudes ließ aber beim Hinschauen sehr viele Nachteile erkennen: Der Passagier muß von seinem parkenden Auto fast ½ km zu Fuß mit seinem Koffer über den vorgelagerten Parkplatz laufen, um dann nach der Abfertigung in der

> zentralen Halle durch hunderte, meterlange [sic] Rohre zu den einzelnen Flugsteiggängen zu gelangen. Aus diesem Grund untersuchten wir erneut die Lage der Flugzeugpositionen: Es gelang uns in Zusammenarbeit mit dem Bauherrn, der Flughafengesellschaft, diese Flugzeugpositionen so eng wie möglich aneinanderzuhängen. Daß die Zusammenziehung dieser Anordnung der Flugzeugpositionen dort aufhört, wo sie sich gegenseitig in Symmetrie berühren, ist durch den Maßstab der Positionskreise bedingt [...][73]

PSE 3.2 (ABB. 31)
Büro Schneider-Esleben, Entwurfsmodell für Zufahrt und Terminal des Flughafens Köln/Bonn, Dezember 1963

Mit diesem Entwurfsmodell (Abb. 31) eröffnete Schneider-Esleben die Diskussion um Alternativen der baulichen Gestaltung des Empfangsgebäudes, womit er entscheidend von den Vorplanungen der Behörden, die ja bereits ein Randgebäude angedacht hatten (vgl. SG 2.5, Abb. 25), abwich.[74] An die Stelle des als eigenständiger, langgestreckter Baukörper aufgefassten Empfangsgebäudes trat nun ein zentralbauartiges Massiv aus treppenähnlich geschichteten, nach oben hin im Durchmesser abnehmenden Zylindersegmenten. Der Architekt hat in mehreren Modellen verschiedene polygonale Grundrisse des Zentralgebäudes erprobt (Abb. 32).[75] Es liegt im Brennpunkt der durch die Verbindungsgänge Empfangsgebäude – Satelliten definierten Geraden und wird noch von der Landseite aus durch eine sich bis zu einer Höhe von zehn Metern emporschwingende Straßenschlaufe erschlossen. Der von der Straße eingefasste Parkplatz ist um die »Rotunde« herumgeführt.

Im Verhältnis zum Durchmesser der ebenfalls aus übereinandergeschichteten kreisrunden Scheiben gebildeten Satelliten, die sich wiederum nach oben hin verjüngen, ist der Durchmesser des Empfangsgebäudes deutlich verringert, was Steinmann zu Recht auf die »konsequente[] Durchführung der dezentralen Abfertigung«[76] zurückführt, obwohl dieser Entwurf dem Zentralgebäude durchaus noch Abfertigungsfunktionen zugesteht.[77] Diese Lösung verringert allerdings für landseitig sich nähernde Passagiere die repräsentative

31 Büro Schneider-Esleben, Entwurfsmodell für Zufahrt und Terminal des Flughafens Köln/Bonn, Oktober 1963, Foto: Inge Goertz-Bauer (© Architekturmuseum der TU München)

32 Büro Schneider-Esleben, Entwurfsmodelle zum Terminal-Hauptgebäude (Heinrich Klotz [Hg.], Paul Schneider-Esleben. Entwürfe und Bauten 1949–1987, Braunschweig/Wiesbaden 1987, 19)

Wirkung des im mehrfachen Sinne »zentralen« Empfangsgebäudes. Insofern erfüllt Schneider-Esleben mit diesem Entwurf die ihm gestellte Aufgabe, »ein repräsentatives Entré [sic] für die Bundeshauptstadt Bonn zu schaffen, deren provisorischer Status immer mehr als ein permanenter angesehen wurde«,[78] nicht, obwohl er, wie eine Äußerung von 1967 belegt, zunächst keineswegs beabsichtigte, den repräsentativen Charakter durch Rücksichtnahme auf funktionale Gegebenheiten aufzugeben:

> Immer noch ausgehend vom Gedanken des repräsentativen Hauptgebäudes rückte dieses Hauptgebäude jetzt so nah wie möglich, nämlich in die Mitte dieser vier Satelliten [...] Hierdurch ergaben sich technische Vorteile sowohl in der engeren Aufstellung der Flugzeuge als auch in den wesentlich kürzeren Wegen der Passagiere. Der Aufsichtsrat der Flughafengesellschaft war zuerst erstaunt, da es sich ja um ein völlig neues Projekt handelte, jedoch konnte man sich der Erkenntnis der kürzeren Verkehrswege nicht verschließen [...] Daß die Entwicklung zu diesen Überlegungen mit meinen Mitarbeitern in meinem Büro nicht nur einen Entwurf, sondern ca. 20 verschiedene Entwürfe mit sich brachte, sei nebenbei bemerkt.[79]

PSE 3.3 (ABB. 33)

Büro Schneider-Esleben, Entwürfe für Zufahrt und Terminal des Flughafens Köln/Bonn, Januar 1964

Dieses in den Januar 1964 datierende Entwurfsmodell (Abb. 33) lässt sich, was die Formgebung der Flugsteigköpfe betrifft, als Variation von PSE 3.2 (Abb. 31) vom Oktober 1963 ansprechen. Das im Kern der Anlage disponierte Zentralgebäude und der Parkplatz, der es allseitig umgibt, sind in eine pentagonale Struktur transformiert worden.[80] Dem Zentralgebäude kommt hier allerdings keinerlei Abfertigungsfunktion mehr zu. Diese wurde, wie im Drive-in-Konzept gefordert, vollständig von den Satelliten oder Flugsteigköpfen übernommen. Das wiederum hat zur Folge, dass die in zwei Geschossen parallel geführten Straßen obsolet sind und daher entfallen.[81]

33 Entwurfsmodell für Zufahrt und Terminal des Flughafens Köln/Bonn, Januar 1964 (Die Startbahn, Heft 14/15 [1964], 32)

Auch zu diesem Planungsstadium ist ein Kommentar des Architekten überliefert. Seine Äußerungen sind insofern von besonderem Interesse, als dass sich Schneider-Esleben nun klar davon distanziert, mit dem Flughafenterminal ein in der Tradition von Bahnhofsbauten stehendes und solchermaßen dezidiert repräsentatives Gebäude schaffen zu wollen. Damit vollzieht er die Abkehr vom traditionellen Architekturpathos und seinen Würdeformeln:

> Die Funktionen des Rollfeldes waren inzwischen so eng wie möglich aneinander gerückt, während jetzt der Platz für den rollenden Straßenverkehr, für die Vorfahrten wie für die Parkebenen nicht ausreichte. Die Hinzuziehung des Verkehrsexperten, Prof. Dr.-Ing. Leutzbach, ergab ein Resultat, nach dem sich die vier- bis fünffache Vergrößerung der Auffahrt als notwendig erwies [siehe hier Abb. 34, Anm. Bodemann].
>
> Ferner kamen wir zu der Überlegung, daß die Vorstellung des immer noch zentralen Abfertigungsgebäudes in seiner Konzeption und architektonischen Repräsentationslüsternheit nun endlich begraben werden müsse. Außerdem war das kreisrunde Hauptgebäude für eine Anfahrt ungeeignet, da Kurzparkstrecken immer an Längsseiten aufgestellt sein müssen. Um eine zügige Vorfahrt zu erreichen, wurde diese runde Anlage pentagonal […][82]

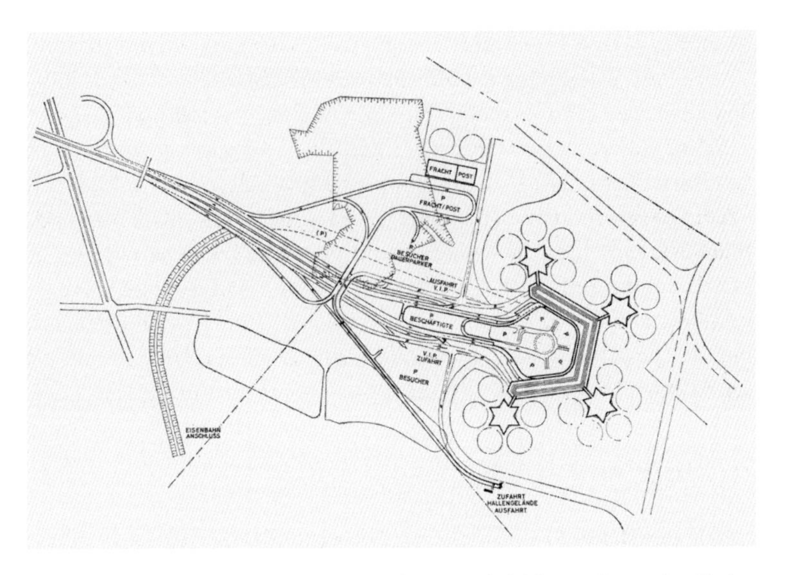

34 Flughafen Köln/Bonn, Verkehrslösung der Zu- und Abfahrtstraßen nach Wilhelm Leutzbach (© Architekturmuseum der TU München)

PSE 3.4 (ABB. 35–37)

Büro Schneider-Esleben, Studie für Zufahrt und Terminal des Flughafens Köln/Bonn, April 1964

Mit diesem sowohl im Medium der Zeichnung als auch als Architekturmodell (Abb. 35) vorliegenden Entwurf trug Schneider-Esleben seine mit Blick auf den realisierten Bau entscheidende Idee vor. Das Empfangsgebäude, bisher als Einheit konzipiert, unterteilt der Architekt in drei Gebäudetrakte oder -flügel, die als eigenständige Raumeinheiten den drei östlichen Seiten des geplanten Parkplatz-Pentagons (vgl. PSE 3.3, Abb. 34) folgen, und zwar in Entsprechung zu Entwurf SG 2.5 (Abb. 25). Somit liegt das Empfangsgebäude nicht mehr im Mittelpunkt eines regelmäßigen Fünfecks, sondern folgt ihm als Randgebäude an den Außenseiten. Dem Prinzip der kurzen Wege gemäß ließ Schneider-Esleben die Verbindungsgänge zu den beiden luftseitigen Flugsteigköpfen, den Satelliten B und C, die analog zu PSE 3.1 (zweites Entwurfsmodell, Abb. 30) und PSE 3.3 (Abb. 33) im Grundriss sternförmig erscheinen, dort beginnen, wo die drei Flügel aneinander stoßen. Flugsteigköpfe bzw.

Satelliten A und D würden erst in einem späteren Ausbaustadium an den Ausläufern des nördlichen und südlichen Flügels nach Norden bzw. Süden hin mit der »Dreiflügelanlage« verbunden.

Abb. 36 zeigt die auf verschiedenen Ebenen genommenen Grundrisse des dreigliedrigen Empfangsgebäudes, das die Pläne als »Pentastern« verzeichnen, sowie der Flugsteigköpfe. Ankommende Fluggäste erreichen die Anlage über eine an die Bundesautobahn 59 angebundene Zufahrtstraße, die sich in etwa auf Höhe des Rückkühlbeckens der Klimaanlage vertikal teilt, so dass sich ein System aus teils ebenerdig geführten, teils aufgeständerten Rampen ergibt. Hierüber werden die Abflug- oder Ankunftebene sowie eine

35 Büro Schneider-Esleben, Entwurfsmodell Zufahrt und Terminal, wohl April 1964, Foto: Inge Goertz-Bauer (© Architekturmuseum der TU München)

zentral disponierte, das heißt den Luftansaugturm der Klimaanlage konzentrisch umgebende Fläche mit Parkständen, Taxiständen und Bushaltestellen erreicht.[83] Der 33 Meter hohe, ursprünglich mit weißem Mosaik[84] dezent akzentuierte Turm markiert gleichsam den Brennpunkt der gesamten Anlage. Er hat heute die zweifelhafte Ehre, als Werbeträger zu dienen, wirkte ursprünglich in seiner schlichten, himmelwärts in Zacken auslaufenden Gestalt jedoch ausgesprochen skulptural. Zudem erhebt er sich über das die gesamten Anlage formende Fünfeck, und zwar in geschlossener, also nicht bloß Segmente ausbildender Form.

Die drei Trakte des Empfangsgebäudes, das, gedanklich vervollständigt, ein regelmäßiges Fünfeck bildet, sind mehrgeschossig, wobei die unteren drei Geschosse miteinander kommunizieren. Die äußeren Trakte erreichen eine maximale Höhe von vier, der mittlere Trakt von sechs Stockwerken, die pyramidal zurückspringen, da die genutzte Fläche der Etagen nach oben hin abnimmt.[85] Luftseitig sind von den Ecken des ³⁄₅-Polygons Verbindungsgänge zu den Flugsteigköpfen geführt, die, als Satelliten ausgebildet, im Grundriss hexagonal erscheinen. Im Idealfall brauchen die Passagiere nur etwa 30 Meter zurückzulegen, um vom Empfangsgebäude in die Flugsteigköpfe zu gelangen (Abb. 37). Hier findet die dezentrale Abfertigung durch die Fluggesellschaften statt. Ankommende Fluggäste begeben sich nach Passieren einer Schleuse zum Ankunftbereich. Transitpassagiere erreichen ihre Anschlussflüge über in die obere Etage versetzte, mittels Treppen zu erreichende Gänge, welche die Satelliten verbinden und dabei durch das Empfangsgebäude geführt sind, wobei sie im Inneren des Randgebäudes als Galerien Gestalt annehmen (Abb. 39 rechts).

Auch zu diesem Entwurf gab Schneider-Esleben Erläuterungen, die nach einem längeren Zitat verlangen:

> Um die Entfernung von der zentralen Haupthalle zu den einzelnen Flugsteigköpfen, die immer noch zu groß war, zu verkürzen und um einen flüssigen Funktionsablauf zu erreichen, rückten wir die verbindende Halle nach außen an den Rand, nahe an die Flugzeugpositionen. An jeder Ecke dieses Fünfecks schließt eine Verkehrsader an. Vier Ecken binden an einen Flugsteigkopf, die 5. Ecke an die Autobahn an, die

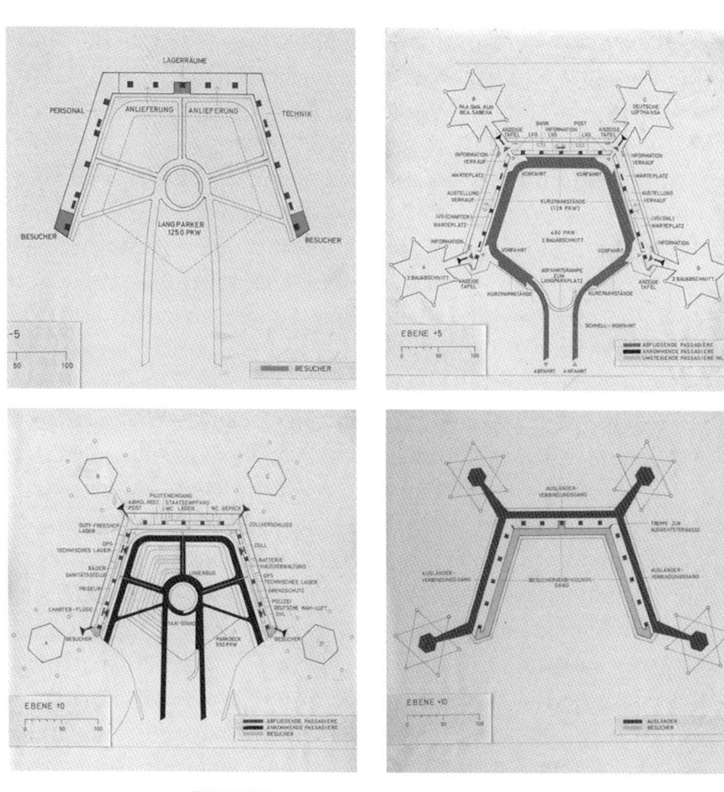

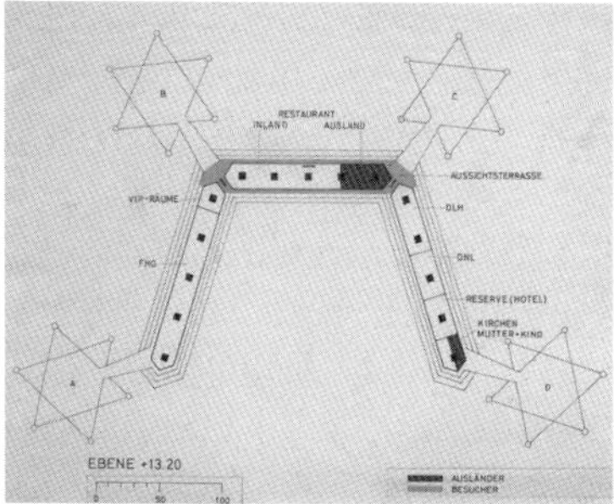

36 Flughafen Köln/Bonn, Grundrisse, – 5m (oben links), 0 m (Mitte links), + 5m (oben rechts), + 10m (Mitte rechts), + 13,20m (unten) (© Architekturmuseum der TU München)

in ein zentrales, mehrstückiges Garagenplateau einmündet an der Stelle, an der vorher die zentrale Abfertigungshalle lag, die – nebenbei bemerkt – in ca. 30 Zwischenentwurfsstudien ihren Niederschlag gefunden hat. So entstand ein dreiflügeliges Randgebäude, das so dicht wie eben möglich an die bereits feststehenden vier Flugsteigköpfe nach außen gelegt wurde.

Der Grundriß der Gesamtanlage wirkt wie eine vegetative Symmetrie, da die verbindenden Funktionen von innen durch den Kfz-Verkehr und von außen durch die aufgestellten Flugzeugpositionen sich wie tangierende Trauben von je 4 × 5 = 20 Flugzeugpositionskreisen um die Flugsteigköpfe gruppieren. Nach logischen Auto- und rollenden Flugzeug-Verkehrsabläufen ordnet sich der horizontale Verkehr in das Innere der gesamten Anlage ein. Dadurch trennt jetzt den anfahrenden oder abfahrenden Fluggast nur ein schmales Randgebäude von den Flugsteigköpfen. Diese sind durch kurze Gänge mit dem Randgebäude verbunden. Diese letzte Fassung wurde sowohl von der Flughafengesellschaft als auch vom Staatsneubauamt akzeptiert und endgültig vom Aufsichtsrat gutgeheißen.

So kam es, daß der Neubau des Köln-Bonner Flughafens sich nach vielen Studien und Überlegungen als erster in Europa nach einem Drive-in-Konzept entwickelte. Die gesamte weitere Planung wurde hierauf aufgebaut. Wie Luft durch ein geöffnetes Überdruckventil so entwich die gewohnte Vorstellung eines repräsentativen, architektonischen Anspruches und an ihre Stelle trat eine funktionierende Verkehrsanlage, die jetzt dem anfallenden Kraftfahrzeug-Verkehr und seiner Parkaufstellung, den Flugzeugpositionen auf dem Rollfeld und vor allem dem menschlichen Maßstab des Reisenden gerecht wird. Die erforderliche, zahlenmäßige Aufstellung der kurzparkenden Autos vor den vier Eingängen ergab die Länge der pentagonalliegenden drei Bautrakte.[86]

Auf drei zentrale Punkte der Äußerungen Schneider-Eslebens sei im Folgenden näher eingegangen:

1. »So kam es, daß der Neubau des Köln-Bonner Flughafens sich nach vielen Studien und Überlegungen als erster in Europa nach einem Drive-in-Konzept entwickelte.« – Die Formulierung ist überlegt

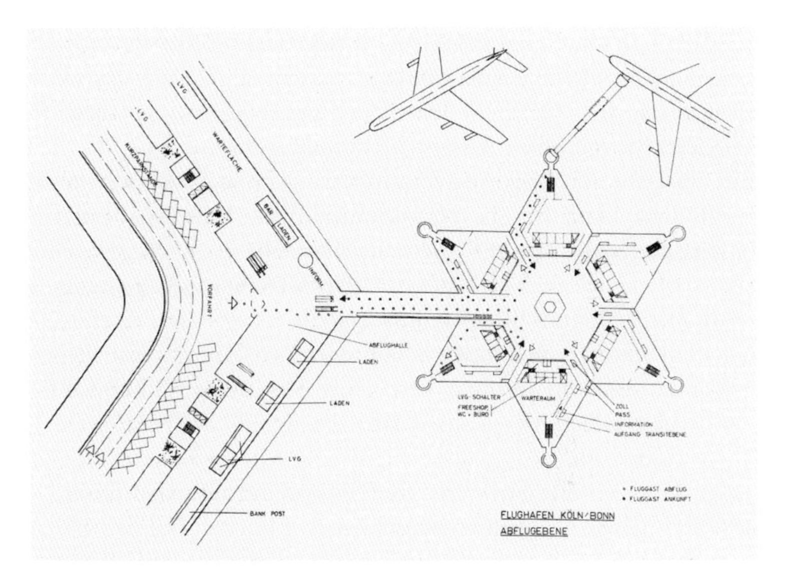

37 Köln, Flughafen Köln/Bonn, Grundriss, Abflugebene
(© Architekturmuseum der TU München)

gewählt: Der Flughafen setzt nicht »das« Drive-in-System schlechthin um.[87] Die dezentrale, das heißt in die Flugsteigköpfe verlagerte Abfertigung von Fluggästen und Gepäck sowie die geometrische Form der Anlage realisieren das, was Reitz 1983 rückblickend als Hauptmerkmale einer »neuen Generation von Flughafengebäuden« ansprechen wird.[88] Auch die Entlangführung der Verkehrswege an den Seiten des Empfangsgebäude ist von Reitz und Grebe in ihrer 1963 gedruckten Studie ausdrücklich empfohlen worden.[89]

Mit dem als »Drive-in« bezeichneten Prinzip der unternehmerischen Vertriebspolitik, den Weg zwischen Kunden und Produkt bzw. Ort der Erbringung von Dienstleistungen zu minimieren, war Schneider-Esleben im Übrigen nicht erst beim Köln/Bonner Flughafenbau in Berührung gekommen. Bereits bei dem von 1963 bis 1966 errichteten Verwaltungsgebäude der Commerzbank in Düsseldorf, Kasernenstraße 39, sah sich der Architekt der Aufgabe gegenüber, die direkte Vorfahrt von Privatkunden vor in der Eingangszone befindliche Autoschalter zu realisieren, die daher von Vera Simone Bader folgerichtig »Drive-in-Bankschalter« genannt werden.[90]

2. »Wie Luft durch ein geöffnetes Überdruckventil so entwich die gewohnte Vorstellung eines repräsentativen, architektonischen Anspruches [...]« – Obschon Schneider-Esleben jeden »repräsentativen, architektonischen Anspruch« aufgibt – die Adjektive werden hier übrigens als Synonyme verwendet! –, konnte er letztlich nicht verhindern, dass das Empfangsgebäude des Köln/Bonner-Flughafens, des langjährigen Regierungsflughafens der Bundesrepublik Deutschland, faktisch als repräsentatives Gebäude wahrgenommen wird. Auch die Forschung hat mittlerweile ein gewisses Repertoire an architektursymbolischen Deutungen artikuliert, mit denen Schneider-Eslebens Terminal bestimmte Ausdruckswerte zugemessen werden sollen (hierzu ausführlicher unten, S. 68–70).[91]

3. »[...] und an ihre Stelle trat eine funktionierende Verkehrsanlage, die [...] vor allem dem menschlichen Maßstab des Reisenden gerecht wird.« – Bei aller Betonung von Funktion und »Abfertigung« legt der Architekt ein menschliches Maß an, das schon darin erfahrbar wird, dass mehrgeschossige Räume wie die Halle des Empfangsgebäudes durch Treppen und Galerien unterteilt und somit überschaubar gemacht sind.[92] Damit erfüllt Schneider-Esleben ein Postulat, das 1960 Reinhard Gieselmann und Oswald Mathias Ungers artikuliert hatten: »Architektur ist Einhüllung und Bergung und damit eine Erfüllung und Vertiefung des Individuums«.[93] Genau darin geht Architektur – auch jene, der ein Architekt jeden architektonischen, das heißt repräsentativen Anspruch abspricht – über bloße, sich in möglichst moderner Technik und rationaler Konstruktion manifestierende Funktionalität hinaus, denn – so Gieselmann und Ungers –:

> Architektur ist partielle Schöpfung. Jeder schöpferische Vorgang aber ist Kunst. Ihm gebührt der höchste geistige Rang. Technik ist Anwendung von Wissen und Erfahrung. Technik und Konstruktion sind Hilfsmittel der Verwirklichung. Technik ist nicht Kunst.[94]

Dem ist nur hinzuzufügen, dass Schneider-Eslebens Terminal am Flughafen Köln/Bonn im Grunde genommen beide Ansprüche zu einer Synthese zusammenführt.

1966–1970: VOM BAUBEGINN BIS ZUR ERÖFFNUNG

Im April 1965 meldete die Flughafengesellschaft, dass die erforderliche Voranfrage zum Baugesuch bei den zuständigen Behörden eingereicht sei. Man arbeite daran, die Ausführungszeichnungen zu erstellen und zeitgleich das Gelände »baureif« zu machen.[95] Zur gleichen Zeit lud man zur feierlichen Grundsteinlegung ein, die für den 18. Juni 1965 geplant war, laut Bericht in der »Startbahn« jedoch am 18. Juli 1965 stattfand – womöglich ein Druckfehler.

Bei diesem Anlass strichen zahlreiche Honoratioren das technische und wirtschaftliche Potenzial der neuen Anlage heraus. Diese sei »zunächst auf ein Volumen von etwa 2,5 Millionen Fluggästen im Jahr bzw. auf ein daraus hergeleitetes Spitzenaufkommen von 1500 Fluggästen in der Stunde zugeschnitten«, könne jedoch »in späterer Zeit sinnvoll erweitert werden«.[96] Die Erläuterungen, die der Technische Direktor des Flughafens, Wilhelm Grebe, zum dem nach Plänen von Paul Schneider-Esleben und seinen Mitarbeitern errichteten Fluggast-Empfangsgebäude vortrug, seien im Folgenden umfänglich zitiert, weil sie nicht nur erhellend sind, sondern auch rezeptionsgeschichtlich interessant, da sie die zeitgenössische Wahrnehmung der neu errichteten Anlage dokumentieren:

> Die Anlage besteht aus einem hufeisenförmigen Randgebäude mit 4 sogenannten Flugsteigköpfen, an denen je 5 Großflugzeuge abgestellt werden können. Die Kristallisationskerne des gesamten Geschehens sind die Flugsteigköpfe. Sie enthalten im Innern – jeweils dezentralisiert, d.h. den einzelnen Flugzeugen zugeordnet – die notwendigen Einrichtungen und Räumlichkeiten für den Abflug und die Ankunft. Auf der Vorfeldebene liegen – wiederum auf jedes Flugzeug ausgerichtet – Räume für die Luftverkehrsgesellschaften, in denen die für einen Abflug notwendigen Berechnungen durchgeführt und die erforderlichen Unterlagen erstellt werden.
>
> Die Flugsteigköpfe sind mit dem Randgebäude durch kurze Gänge verbunden. In diesen läuft seitlich je ein rollendes Band, auf das abfliegende Passagiere ihr Gepäck setzen können und es daher nicht selber zu tragen brauchen. Diese

> Bänder werden trotz der Kürze der Entfernungen eingebaut, um dem Fluggast jede Bequemlichkeit und Erleichterung zukommen zu lassen. Das Randgebäude verbindet einmal die 4 Kristallisationskerne und enthält daneben alle Einrichtungen, die nichts direkt mit der Abfertigung zu tun haben, im Rahmen eines Fluggastgebäudes jedoch wichtige Funktionen erfüllen. Dazu gehören z.B. Flugscheinverkaufs- und Informationsstände, Verkaufsstände für den Bedarf der Fluggäste, Ausstellungsstände namhafter Wirtschaftsunternehmen, Restaurants für Fluggäste und Besucher, Bank- und Postschalter u.v.a.m.
>
> Die Form und Konstruktion dieses Randgebäudes sind wesentlich von den Anfahrten und den Parkmöglichkeiten bestimmt. Die Anfahrten in 2 Ebenen – die obere für abfliegende, die untere für ankommende Passagiere – liegen innerhalb [sic] des Gebäudes, wobei sie so angelegt sind, daß hier schon die Anbindung an die Flugsteigköpfe erfolgt. Durch die hufeisenförmige Ausbildung wird die mehrstöckige Parkanlage umschlossen, wodurch sich optimal kurze Wege für die Fluggäste, ihre Begleiter und Abholer ergeben. Der »Drive-in«-Flughafen ist damit verwirklicht.[97]

Grebe kündigte zudem eine Gesamtbauzeit von knapp drei Jahren an; zum Sommer 1968 sollte also der erste Bauabschnitt, der das Randgebäude sowie zwei Flugsteigköpfe umfasst, abgeschlossen sein. Damit wäre das 1961 mit dem Bau einer 3,8 Kilometer langen Start- und Landebahn begonne Ausbauprojekt zum Abschluss gebracht. Mit diesem ihrem Projekt habe, so betonte der damalige Bundesminister für Verkehr, Hans-Christoph Seebohm, die Flughafengesellschaft Köln/Bonn Maßstäbe gesetzt. Gleichwohl müsse das Projekt mit Blick auf eine Zukunft, die steigende Passagierzahlen erwarten lässt, kontinuierlich weitergedacht und -gebaut werden: »[E]s gilt nunmehr jedoch, die Fluggastempfangsanlage der Zukunft zu bauen!«[98] Auffällig ist, dass der Minister den Architekten Schneider-Esleben mit keinem Wort erwähnt, dagegen jedoch betont, dass die Planung der Köln/Bonner-Anlage eine Gemeinschaftsleistung sei: »Maßgebende Männer, Wissenschaftler, Architekten und Ingenieure, haben in jahrelanger Arbeit das Konzept entwickelt.«[99] Auch der Minister für Wirtschaft, Mittelstand und Verkehr des Landes Nordrhein-Westfalen, Gerhard Kienbaum, sprach von »Teamarbeit«.[100] Nur der oben bereits zitierte Wilhelm Grebe unterstrich, dass »Entwurf und architektonische Planung«[101] in den Händen des Architekten und seiner Mitarbeiter gelegen hätten. Friedrich Hermann Wolters wird im darauffolgenden Jahr ganz richtig »ergänzen«: »Das Hauptgebäude wurde im Entwurf des Architekten Prof. Schneider-Esleben in ein Randgebäude umgewandelt«.[102]

Nun sei unbestritten, dass eine Anlage wie der Köln/Bonner-Flughafen das Werk mehrerer Beteiligter ist, zumal sich Schneider-Esleben in den oben zitierten Erläuterungen zum Planungsprozess selbst in diesem Sinne geäußert hat (»untersuchten wir« – »es gelang uns« – »Überlegungen mit meinen Mitarbeitern in meinem Büro« – »rückten wir« usw.). Gleichwohl ist die insbesondere in Entwurf PSE 3.4 (Abb. 35–37) niedergelegte Idee Schneider-Eslebens und seiner Mitarbeiter, die der Aufsichtsrat der Flughafengesellschaft zu Recht als ganz neues Projekt erkannte,[103] für die endgültige Gestalt der Anlage maßgebend. Dass dabei architektonischer Gestaltungswille und funktionale Überlegungen einander perfekt ergänzten, steigert die Leistung aller Beteiligten noch einmal und macht den Terminal 1 des Flughafens Köln/Bonn zu einem herausragenden Beispiel für die Architektur der westdeutschen Nachkriegsmoderne.[104]

Der Planungs- und schließlich Baufortschritt nach der Grundsteinlegung stellt sich wie folgt dar:[105]

November 1965: Für das Empfangsgebäude (Randgebäude) lagen Pläne im Maßstab 1:100 vor. Das Baugenehmigungsverfahren konnte daher eingeleitet werden. Für die Flugsteigköpfe sollten termingerecht Werkszeichnungen im Maßstab 1:50 erstellt sein, die Grundlage für die Ausschreibungsunterlagen waren.[106]

Oktober 1966: Der Bau der Abfertigungsanlage hat im August 1966 begonnen. Die östlichen Flugsteigköpfe B und C errichtete man zuerst. Geplant war, die Satelliten im April 1967 im Rohbau zu vollenden und sich dann dem Empfangsgebäude zuzuwenden.[107]

März 1967: Die Flugsteigköpfe B und C befanden sich weiterhin im Bau, die beiden Kellergeschosse waren fertiggestellt. Die Planung für das Empfangsgebäude hatte man abgeschlossen; der Bau sollte im Sommer des Jahres angefangen werden, beginnend mit dem Mitteltrakt.[108]

Juni 1967: Flugsteigkopf B war einschließlich großer Teile der Rippendecke des ersten Obergeschosses im Rohbau fertiggestellt. Ende Juli sollte mit dem Bau des Randgebäudes begonnen werden. Für das Straßensystem sind bereits erste Widerlager der Brückenbauwerke errichtet worden.[109]

Oktober 1967: Die Rohbauarbeiten an Flugsteigkopf B waren beinahe abgeschlossen. Die Außenverkleidung aus Sichtbetonplatten wurde bereits angebracht. Noch nicht abgeschlossen waren hingegen die Bedachungs- und Isolierarbeiten sowie das Einsetzen der Fenster. Die Ausschachtungsarbeiten für das Empfangsgebäude hatte man ebenfalls beendet. Zudem wurde mit der Betonierung der Fundamente begonnen.[110]

Architekt Paul Schneider-Esleben gab der Öffentlichkeit an diesem Punkt erneut Erläuterungen:

> Zuerst tendierten die Überlegungen für die Bauausführung zu einer Stahlkonstruktion, die evtl. flexibel sein könnte; nachher wurde jedoch als Material Stahlbeton gewählt, da aus feuerpolizeilichen und schalltechnischen Gründen eine schwere Konstruktion bestimmt werden mußte, um die Menschen, die sich in diesem sternförmigen Flugsteigkopf befinden, vor all dem, was sie umgibt, zu schützen. [...]
>
> Die starken Geräuschbelästigungen, die an- und abrollende Flugzeuge mit sich bringen, wurden auch dem Inneren des Gebäudes ferngehalten durch eine dreifache Fensterverglasung, die durch einen Scheibenabstand von 20 cm wieder einen normalen Geräuschpegel im Innern des Gebäudes ergibt [...] Gleichzeitig soll aber der Passagier freien Ausblick auf das Geschehen des Rollfeldes haben. Aus diesem Grund erhielten die Fenster Beton-Schallbretter, die gleichfalls auch die Sonneneinstrahlung in die vollklimatisierten Räume verhindern. [...]

> Bei der Wahl des Baumaterials, die sich durch die vielen technischen Vorbedingungen ergab, war für mich als Architekt selbstverständlich, dieses Material in seiner Eigenart sowohl von innen als auch von außen ablesbar zu machen, anstatt es mit sogenannten repräsentativen, gewohnten Klischees zu kosmetisieren. Der Beton ist ein industrielles Surrogat, das andere Gesetze der Ästhetik voraussetzt und eine besonders starke Plastiziät erfordert, die sich aber nur aus den Folgen der Konstruktion ergeben darf [...]
>
> Ein Betonbau, der aus präfabrizierten Teilen gefügt ist, bekommt auf Grund des Verfahrens eine Gliederung durch seine Arbeitsfugen und dadurch einen anderen Duktus des Maßstäblichen. Ferner erfordert ein Gebäude aus präfabriziertem Beton eine plastische Sichtbarwerdung der einzelnen Gliederungen, wobei ablesbare Produktionsphasen und deren konstruktive Zusammenfügung in voluminösen Bauteilen einen humanen Maßstab setzen [...][111]

Juni 1968: Flugsteigköpfe B und C waren fast fertiggestellt, die Arbeiten am Randgebäude im Mitteltrakt bis in das zweite Obergeschoss hinein fortgeschritten. An den Verbindungsgängen zu den Flugsteigköpfen wurde gearbeitet. Dabei hat man die Seitenflügel des Randgebäudes schrittweise in den Baufortschritt einbezogen.[112]

Oktober 1968: Das Randgebäude hat im Rohbau teilweise die endgültige Höhe erreicht (im Mitteltrakt wird es 6, in den Seitentrakten 4 Geschosse haben sowie jeweils 2 Kellergeschosse). Die einzelnen Geschosse wurden durch nach oben hin zurückspringende Kragplatten voneinander getrennt. Im Erdgeschoss waren zu diesem Zeitpunkt bereits erste Fassadenelemente verbaut. Auch der 27 Meter hohe Luftansaugturm im Zentrum des Fünfecks war vollendet. Konstruktive und ästhetische Besonderheit im Hauptgebäude sind die aus Spannbeton gefertigten Unterzüge. Die mehrgeschossigen Verbindungsgänge Randgebäude – Flugsteigköpfe waren im Rohbau fertiggestellt.[113]

Januar 1969: Am 23. Januar 1969 feierte man am Flughafen Köln/Bonn Richtfest.[114] Regierungsbaudirektor Wolters gab in seiner

Rede einen zusammenfassenden Abriss von Planungs- und Bauphase und erwähnte die zahlreichen Institutionen und Personen, die an Planung und Bau des Terminals beteiligt waren und sind. Flughafendirektor Grebe unterstrich, dass »diese große Gemeinschaftsleistung nicht zu einem pompösen, sondern zu einem sachbezogenen und seiner Zweckbestimmung in hohem Maße gerecht werdenden Bau geführt hat, der aus der Funktion heraus seine Schönheit bezieht«.[115] Gemeinschaftsleistung, Sachbezogenheit und Zweckbestimmung wurden betont, der Name des Architekten hingegen nicht einmal erwähnt.[116]

April (?) 1969: In den Flugsteigköpfen wurden die Abfertigungsschalter der Fluggesellschaften eingebaut und die Installation der Deckenbeleuchtung vorbereitet, von Juli 1969 bis Jahresende die Flugsteigbrücken montiert. Die Installationsarbeiten im Randgebäude wurden fortgesetzt, die für die erste Baustufe vorgesehene Verglasung von Mittel- und Seitentrakten abgeschlossen. Dies galt auch für verschiedene Isolierarbeiten. Mit dem Einbau der Fahrstühle hat man begonnen.[117]

Juli (?) 1969: Im Sommer 1969 wurde in der »Startbahn« letztmalig in fortlaufender Serie über den Ausbau des Flughafens berichtet.[118] Der Anschluss an das Straßensystem war noch nicht vollendet. Während der Innenausbau der Flugsteigköpfe fast abgeschlossen werden konnte, befand sich die erste von insgesamt zehn Fluggastbrücken noch in der Erprobungsphase.[119]

20. März 1970: »Bundespräsident D. Dr. Dr. Gustav W. Heinemann weihte am 20. März 1970 das in dreieinhalb Jahren Bauzeit errichtete Empfangsgebäude auf dem Flughafen Köln/Bonn mit den Worten ein: ›Hier geht es um ein Tor des Zuganges zu uns aus aller Welt und für uns in alle Welt. Ich eröffne es in der festen Entschlossenheit zum Frieden.‹[120] Der Vorsitzende des Aufsichtsrats der Flughafen Köln/Bonn GmbH, Ministerialdirigent Reinhard Beine, nannte in seiner Ansprache Kosten in Höhe von etwa 295 Millionen DM, die anteilig von der Bundesrepublik Deutschland, dem Land Nordrhein-Westfalen und der Stadt Köln getragen wurden. Beine vergaß nicht, den Architekten Paul Schneider-Esleben zu er-

38 Köln, Flughafen Köln/Bonn, Luftaufnahme der neuen Anlage, um 1970 (Archiv Claudia Schneider-Esleben, Hamburg)

wähnen und zu betonen, dass dessen spezifische Leistung darin bestand, der neuen Anlage (Abb. 38) »das Gesicht zu geben«.[121]

BAUBESCHREIBUNG

Grundelement der Empfangshalle ist ein Raster von sechseckigen Pfeilern, die sich über dem Boden aus Betonwerksteinplatten im Abstand von 10 bzw. 7,5 Metern erheben und eine Höhe von etwa 7 Metern erreichen (Abb. 39). Die Pfeiler tragen Längsbinder aus Stahlbeton, deren Breite dort, wo sie auf den Stützen auflagern, deren Durchmesser entspricht. Zur Mitte des Interkolumniums hin sind die Längsbinder jochweise so stark angeschnitten, dass sie nicht mehr als Quader, sondern als Prismen mit drei bzw. vier Grundflächen erscheinen. Dadurch wird ihnen jegliche Schwere genommen und die Tragfähigkeit des Materials Beton auf beeindruckende Art und Weise sinnfällig-elegant inszeniert.

39 Flughafen Köln/Bonn, Treppenhalle, um 1970/71
(Archiv Claudia Schneider-Esleben, Hamburg)

Auf den etwa einen Meter hohen Längsbindern lagern Querbinder auf. Sie sind aus Spannbeton gefertigt und dort, wo sie land- bzw. luftseitig die Längsbinder überragen, zweifach abgewinkelt. Durch eine solche, die Bauglieder stark betonende Konstruktion wird die Halle übersichtlich gegliedert.[122] Fassadenseitig tragen die Querbinder offene, zur Vorfahrt hin mit Brüstungsplatten abgegrenzte Umgänge, die außerhalb der die Halle begrenzenden Fensterfront als Terrassen, vorfeldseitig im Inneren als Transitgalerien erscheinen. Die aus insgesamt 890 Brüstungselementen zusammengesetzen Fassadenbänder[123] sind das Signet einer Betonarchitektur, die in der Herstellung bemerkenswert aufwändig, im Ergebnis dementsprechend wirkungsvoll ist: Die Platten sind auf einer mit einem Sandstrahlgebläse behandelten Brettschalung gegossen worden (Abb. 41) und innen lammfellgewalzt.[124] Die zwei Geschosse umfassende Eingangshalle schließt nach oben mit der mit Aluminium-Paneelen abgehängten Platte des dritten Geschosses ab.

Die drei Flügel des Randgebäudes enthalten jeweils zwei Verkehrskerne, die mit quadratischen Mosaikplatten in Schwarz verkleidet sind. Die Kerne enthalten neben den der Kommunikation

40 Flughafen Köln/Bonn, Wartehalle, Aufnahme um 1970/71
(Archiv Claudia Schneider-Esleben, Hamburg)

der Etagen miteinander dienenden Treppenhäusern und Aufzügen auch die Sanitärräume. Weitere bauliche Akzente und Variationen im Material setzen aus Aluminium gefertigte Pavillons (Abb. 39–40), die vorfeldseitig eingelassen sind. Diese bieten den Verkaufsschaltern der Fluggesellschaften sowie verschiedenen Geschäften für Waren und Dienstleistungen des täglichen Bedarfs, aber auch für Luxusartikel wie Uhren und Schmuck, Raum. Farbige Akzente setzen ferner die ebenso wie das gesamte Ensemble von Schneider-Esleben entworfenen Stuhlreihen. Der Orientierung der Reisenden dienen Schriftzüge aus einem halbfetten Schnitt der Helvetica.

Durch 30 Meter lange Gänge gelangen die Passagiere aus dem Empfangsgebäude in die beiden Flugsteigköpfe (Abb. 42; vgl. auch Abb. 37). Diese erscheinen im Grundriss als Stern, der durch die Anstückung von sechs gleichseitigen Dreiecken an ein regelmäßiges Sechseck entsteht und eine geometrische Form bildet, die eine ideale Aufstellung der über teleskopartige Fluggastbrücken erreichbaren Flugzeuge ermöglicht. Im unteren Geschoss der im Durchmesser 85 Meter großen, schallisolierten Teilbauten[125] befinden sich die Einrichtungen zur Passagierabfertigung sowie Wartezonen.

41 Oberflächenrelief der in mit einem Sandstrahlgebläse behandelter Brettschalung hergestellten Brüstungsplatten (Friedrich Franke, Flughafen Köln/Bonn, Köln 1970, 114, Ausschnitt)

Ein über Treppen erreichbares oberes Geschoss wird durch eine Zwischendecke gebildet. Diese Ebene mündet in den Transitgang, der durch das Empfangsgebäude verläuft und die beiden Satelliten miteinander verbindet. Dies vereinfacht für Transitpassagiere den Wechsel des Flugzeugs erheblich.

Die beiden Flugsteigköpfe werden nach oben durch eine von hexagonalen Pilzkopfstützen getragene Rippendecke aus Sichtbeton abgeschlossen (Abb. 42). Zwischen den abwärts verjüngten Rippen liegen die dreieckigen Seitenflächen eines Tetraeders (Abb. 43), von denen jeweils ein halbes Dutzend ein Sechseck bildet – das Grundrissmotiv der Flugsteigköpfe wird wiederholt. Die Tetraeder schließen nach oben mit von der Firma Klaus Esser hergestellten kleinen Lichtkuppeln aus Cellidor ab.[126] Schneider-Esleben hat hier möglicherweise ein Motiv aufgenommen, das in dem von 1952 bis 1954 nach Plänen von Louis I. Kahn (1901–1974) und Douglas Orr (1892–1966) errichteten Kunstgebäude der Yale University exponiert worden ist.[127] Sowohl durch die filigranere Gestaltung der in Graten auslaufenden Stege als auch durch das Einbringen von Oberlichtern erzielte Schneider-Esleben eine wesentlich leichtere und im Farbenspiel abgestufter Grautöne auch raffiniertere

42 Flughafen Köln/Bonn, Flugsteigkopf, Inneres (Archiv Claudia Schneider-Esleben, Hamburg)

43 Der Deutsche Baumeister 31 (1970), Nr. 2, Titelseite
44 Bayer Bau Bericht (Die Startbahn, Heft 29/II [1968], 13)

Wirkung und spielt zugleich sinnfällig-dezent auf die Funktion der Flugsteigköpfe an.[128]

Dass hier mit einem scheinbar nebensächlichen Detail Maßstäbe gesetzt wurden, zeigt auch eine Ausgabe der Zeitschrift des Bundes Deutscher Baumeister und Bauingenieure e.V. (BDB), »Der Deutsche Baumeister.« Die Titelseite der Februar-Ausgabe des 31. Jahrgangs (1970) bildet die Dachkonstruktion ab (Abb. 43). Die in die Rippendecke der Flugsteigköpfe als Oberlichter eingesetzten Cellidor-Lichtkuppeln wurden hingegen von der Firma Bayer in Richtung Business-to-Business-Markt beworben (Abb. 44).

POSTULAT: FUNKTIONALITÄT, RESULTAT: ARCHITEKTURSYMBOLIK?

Als ›Architekturikonologie‹ wird bekanntlich eine Methode der Kunstwissenschaft bezeichnet, die nach »der *Botschaft* der aus Flächen, Linien und Winkeln gefügten Figurationen«[129] fragt, also nach dem semantischen Gehalt, der Bedeutung. Dieser Ansatz wird in der Forschungsliteratur regelmäßig auf Schneider-Eslebens Köln/Bonner Flughafenterminal angewandt. Vor allem die landseitige Erscheinung des dreiteiligen Empfangsgebäudes desjenigen Flughafens, der bis 1990 als Flughafen der Hauptstadt der Bundesrepublik Deutschland diente und von Angelika Schyma sogar als »Erinnerungsmal für die Stadt Bonn als ehemaliger Bundeshauptstadt«[130] angesprochen worden ist, hat verschiedene Assoziationen hervorgerufen. So erinnere die Betonung des Horizontalen durch die Fensterbänder und Sichtbetonbrüstungen am dreiflügeligen Empfangsgebäude in Verbindung mit der Terrassierung der drei Trakte, deren Enden zudem spitz zulaufen, an die »klassische Passagierdampfer-Metapher der Moderne»;[131] diesem Motiv wohne zudem »ein Sehnsuchtsmoment inne«.[132] Schyma mag an Bauten wie das von 1922 bis 1924 nach Plänen von Fritz Höger (1877–1949) errichtete Hamburger Chilehaus gedacht haben. Dieses Kontorhaus ist insbesondere durch die Fotografien von Carl Dransfeld (1880–1941) als schiffähnliches Gebilde inszeniert worden. Die spitz zulaufende Schmalseite erscheint dabei in einer perspektivisch prononcierten Weise, wie man sie von den zeitgenössischen Werbeplakaten der Reedereien her kennt, deren »Eyecatcher« der steil aufragende Bug eines Ozeandampfers ist.

Bei Rolf Beckers erweckten die gegenüber den Sichtbetonbrüstungen zurückversetzten Fensterbänder den »Eindruck des Schwebens: Wollte man Schneider-Esleben hier den Willen zur ›architecture parlante‹, die seinem Wesen durchaus nicht fremd ist, unterstellen, so läge die Assoziation des Empfangsgebäudes mit einem schwebenden Luftschiff, ebenso wie die der Sternform der Satelliten mit dem Himmel, durch den die Flugzeuge ziehen, nicht fern«.[133] Beckers erinnert

> die Symmetrie des Empfangsgebäudes [...] an die Monumentalität einer barocken Schloßanlage. Der Besucher nähert sich ihr von weitem auf einer zweitrassigen Straßenanlage, deren Mitte von einem langen Wasserbecken mit Fontänen markiert wird. Der Ansaugturm im Zentrum des ein gespreiztes U bildenden Hofes ersetzt die Siegessäule oder den Oblisken. Um ein Rondell herum fährt der Besucher vor. Hinter dem Eingang erwartet ihn eine große, repräsentative Halle, von der aus Treppen in effektvoll geschlagenen Diagonalen in die oberen Stockwerke führen.[134]

Schyma erscheint die Anlage hingegen »[a]us der Vogelperspektive [...] von der Feldseite her als ein reptilienartiges Gebilde, das sich auf das Rollfeld gleichsam vorschiebt«,[135] und Regine Heß meint, dass »die sechs Geschosse der Halle [...] nicht nur eine terrassierte Struktur haben, sondern auch die Form eines Tannenbaums bilden«.[136]

Ob diese Lesarten zwischen Passagierdampfer, von Flugzeugen durchzogenem Himmel, barocker Schlossanlage, Reptil und Tannenbaum im Einzelfall zutreffen sind, mag dahingestellt sein. Aber ist es überhaupt zulässig, ein auf Funktionalität und Zweckmäßigkeit ausgelegtes Bauwerk der (Nachkriegs-)Moderne nach einer symbolischen Bedeutung zu befragen? Einige der oben zitierten Quellen, die aus der Zeit der Planung und Ausführung des Baus auf uns gekommen sind, lassen nämlich klar erkennen, dass sowohl Ingenieure als auch Architekt jeden repräsentativen Gestus vermeiden wollten. Schneider-Esleben selbst beschreibt in seinen oben zitierten Anmerkungen zum Planungsprozess, wie man von der Vorstellung, den

Terminal als repräsentativen Bahnhof zu inszenieren, überging zu der »Überlegung, daß die Vorstellung des immer noch zentralen Abfertigungsgebäudes in seiner Konzeption und architektonischen Repräsentationslüsternheit nun endlich begraben werden müsse« (siehe oben S. 49); »Wie Luft durch ein geöffnetes Überdruckventil so entwich die gewohnte Vorstellung eines repräsentativen, architektonischen Anspruches [...]« (S. 54). Auch die pyramidale Abstufung der Geschosse von unten nach oben wird aus dem Platzbedarf abgeleitet und somit rein funktional gesehen (vgl. S. 52). Zu dem 170 Meter langen und 33 Meter breiten Rückkühlbecken der Klimaanlage, das dem Terminal landseitig zwischen den Zu- und Abfahrtstraßen vorgelagert ist und das etwa Beckers zusammen mit dem Ansaugturm im Sinne von Wasserbecken und Siegessäule oder dem Obelisken als Bestandteile barocker Platz- und Gartenanlagen apostrophiert hat, merkte der Architekt ausdrücklich an, dass es »nicht etwa barockem Architekturempfinden entsprang«, sondern allenfalls »für den eiligen Reisenden in dieser hochtechnischen Gesamtanlage [...] wie ein Spiel in der Strenge«[137] wirken könne.

Gerade darin, dass sich das Hauptgebäude als *Randgebäude* artikuliert und solchermaßen – wie Heß treffend formuliert hat – die »Reisenden [...] mit einer ausdrücklichen baulichen Geste«[138] empfängt, gibt es einen allzu repräsentativen Charakter auf und umgibt sich stattdessen mit dem Gestus des Humanen.[139] Gleichwohl haben Schneider-Esleben und seine Auftraggeber eine repräsentative Wirkung nicht gänzlich verhindern können oder sogar wollen. So wird man zugeben müssen, dass der mit einem Zackenkranz bekrönte Ansaugturm der Klimaanlage sehr deutlich ein traditionelles architektonisches Pathos zum Ausdruck bringt. Bereits in den späten 1940er-Jahren, als Bonn Hauptstadt der jungen Bundesrepublik wurde, war man sich der Notwendigkeit eines – wenngleich temporären – Regierungsflughafens bewusst.[140] Berücksichtigt man die Budgetierung des Neubaus, so stellt man fest, dass diese im internationalen Vergleich überdurchschnittlich hoch ausfiel. Daraus ist gefolgert worden, dass der Flughafen unbedingt eine angemessene Gestalt erhalten sollte und dass dieser Wunsch bei Auftraggeber und Architekt gleichermaßen bestanden habe.[141] Geradezu salomonisch mutet da Schneider-Eslebens Urteil an, seine Architektur sei »nobel, nicht puritanisch, aber ohne falsche Pracht«.[142]

KÖLN/BONN ALS MUSTERLÖSUNG EINER MODERNEN FLUGHAFENARCHITEKTUR?

Der Rang des 1970 eröffneten Köln/Bonner Teminals als Exemplum einer modernen, neuen Flughafenarchitektur wurde in der Literatur, wie eingangs bereits bemerkt, an zahlreichen Stellen betont. Wenn ich richtig orientiert bin, war Günther Kühne der Erste, der den Ausdruck »Bacillus coloniensis« gebraucht und Schneider-Eslebens Terminal somit in den Rang eines Vorbilds erhoben hat.[143] 1991 schrieb Günter Schade: »Der Flughafen Köln/Bonn hat Scharen von Architekten aus aller Welt angezogen. Seinem Vorbild sind andere Airport-Anlagen nachempfunden«.[144] 1992 notierte Udo Mainzer: »Verglichen mit der Massenware der Gründerzeithäuser in Köln, deren Denkmalwert hier nicht in Zweifel gezogen wird, ist das Flughafengebäude Köln/Bonn von besonderem Rang, da es als einzigartige Architekturleistung aus seiner Zeit herausragt.«[145] Im selben Band der Zeitschrift »Denkmalpflege im Rheinland« würdigte Angelika Schyma die Anlage als »erste[n] Drive-in-Flughafen mit dezentralisiertem Satelliten-System in Europa«.[146] Im Folgenden werden zeitgenössische Quellen nach möglichen Verbreitungswegen des »Bacillus coloniensis« befragt.

Hinsichtlich der konsequenten Anwendung eines Drive-in-Systems bei Flughäfen in Europa darf die Köln/Bonner Lösung zweifelsohne als exemplarisch gelten. Bereits während des Entwicklungs- und Planungsprozesses, und zwar deutlich vor der Beauftragung des Architekten, wurden die Studien zum Generalausbauplan international diskutiert, und zwar spätestens 1960.[147] Der seit 1964 amtierende Technische Direktor des Flughafens, Wilhelm Grebe, erläuterte das von ihm und Karl Albert Reitz entwickelte Drive-in-Konzept sowie dessen Umsetzung in Köln/Bonn unermüdlich in Interviews, Vorträgen und Publikationen. Grebe reiste regelmäßig zu den Werken des US-amerikanischen Flugzeugherstellers Boeing nach Seattle. Hier nahm er gemeinsam mit Vertretern der Fluggesellschaften und Flughäfen an einer internationalen

Konferenz teil, bei der Beratungen über Anforderungen an moderne Flughafenbauten im Mittelpunkt standen. Insbesondere ging es um die Abfertigung von Überschallflugzeugen wie der Boeing 2707 und von Großraumflugzeugen wie der Boeing 747.[148] Modellstudien der Firma Boeing lassen in dieser Zeit gewisse Ähnlichkeiten mit der Köln/Bonner Lösung erkennen. So zeigt Abb. 45 einen Flughafen nach dem kombinierten Pier-Satelliten-System, wobei der Flugsteigkopf in seiner hexagonalen Grundstruktur der Köln/Bonner Anlage gleicht und darüber hinaus wie diese eine dezentrale Abfertigung vorsieht.[149]

1965 wurde das Modell des Flughafens auf der Internationalen Verkehrsausstellung in München einer breiten Öffentlichkeit vorgestellt.[150] In Köln war es anlässlich der Ausstellung »Mensch und Weltraum«, die vom 26. März bis zum 17. April 1966 stattfand und sich gleichermaßen an Öffentlichkeit und Fachpublikum wandte, zu sehen.[151] Vom 1. April bis zum 7. Mai des Jahres fand eine weitere Luftfahrtschau im Kölner Karstadt-Kaufhaus statt, anlässlich derer erneut ein Modell gezeigt wurde, nun allerdings mit dem Ziel, bei der Bevölkerung um Interesse und Verständnis für den neuen Flughafen zu werben.[152] Im September 1967 hielt Wilhelm Grebe bei der Jahreskonferenz des Internationalen Flughafenverbandes AOCI in Boston einen Vortrag zum Thema »Die neue Fluggastempfangsanlage auf dem Flughafen Köln/Bonn in Hinsicht auf die kommenden Großflugzeuge«.[153] Als wichtigste Eigenschaften der neuen Anlage nannte er etwa die dezentrale Abfertigung in den Flugsteigköpfen, deren kurzwegige Verbindung mit dem Empfangsgebäude, das nur noch eine sekundäre Funktion hat, eine optimierte An- und Abfahrt in zwei getrennten Ebenen sowie die Verkürzung der Fußwege auch von den Parkplätzen[154] zum Terminal durch eine entsprechende polygonale Anordnung der drei Flügel des Randgebäudes sowie eine optimale Orientierung für Reisende und deren Begleitung. Grebe hielt summarisch fest: »Der ›Drive-in‹-Flughafen ist damit verwirklicht.«[155] Grebe erwähnte auch den Architekten, der den neuen Terminal entworfen habe und dabei von der Deutschen Lufthansa beraten worden sei.[156]

Zahlreiche Aufsätze und Artikel in Fachzeitschriften und der Presse dokumentieren das Interesse von Fachpublikum und Öffentlichkeit am Neubau des Flughafens Köln/Bonn. Nicht nur die haus-

45 Modellstudie der Firma Boeing in Seattle (Die Startbahn, Heft 25 [1967], 17)

eigene Zeitschrift »Die Startbahn« ermöglichte der Öffentlichkeit durch mehrere Jahrgänge hindurch, die Entstehung des interkontinentalen Düsenverkehrsflughafens mitzuverfolgen, sondern auch die »Bauwelt« veröffentlichte die wichtigsten Entwürfe.[157] 1968 erschien in der Zeitschrift »Engineering News Record« unter der Überschrift »Cologne-Bonn Airport Turned to ›Showpiece‹« ein Bericht, wobei der Begriff ›Vorzeigeobjekt‹ offenbar das Selbstverständnis lokaler Amtsträger zum Ausdruck brachte.[158] Ergänzend zum Text sind sechs Abbildungen des Modells bzw. der im Bau befindlichen Anlage abgedruckt, darunter das »waffle-slab satellite roof« (vgl. hier Abb. 42–43). Schneider-Esleben veröffentlichte im selben Jahr in der in München erscheinenden Zeitschrift »Bauen + Wohnen« einen Bericht, in dem er deutlich auf den architekturgeschichtlichen Rang seines Werkes hinweist.[159] Der Bericht ist von umfangreichem Bildmaterial begleitet, wobei neben zehn Ansichten des Modells insbesondere die großzügige Abbildung von Rissen zu erwähnen ist. 1970 erschien auch in der »Deutschen Bauzeitschrift« ein mit Abbildungen üppig ausgestatteter Artikel zum neuen Abfertigungsgebäude des Köln/Bonner Flughafens. Der Verfasser betont, dass an dem Vorentwurf des Staatsneubauamtes erst ab 1963, also dem Jahr, in welchem der Architekt in die Planungen einbezogen wurde, »grundsätzliche Änderungen« vorgenommen worden seien und dass es sich bei der Anlage um den »erste[n] nach einem Drive-in-Konzept entwickelte[n] Flughafen Europas« handle.[160] Nochmals ausführlicher präsentiert eine fast 40 Seiten umfassende Ausgabe der Firmenzeitschrift der Hochtief-Aktiengesellschaft den Bau.[161] Eine Besprechung der Köln/Bonner Anlage, die 1971 in der Zeitschrift »The Architectural Review«

erschien, aber auch ein vom Architekten selbst verfasster, ins Spanische übersetzter Bericht, der 1972 gedruckt wurde, machten das Projekt international bekannt.[162] Ein Jahr zuvor war bereits ein Artikel in italienischer Sprache erschienen.[163]

Abschließend sei an die zahlreichen Werbeanzeigen von Unternehmen und Firmen sowie der Industrie erinnert (Abb. 44), die ihren jeweiligen Beitrag zum Flughafenneubau zum Aufhänger bis zu doppelseitiger Anzeigen machten. Die Firma Hochtief etwa, deren Kölner Niederlassung den Neubau realisierte, warb unter dem Slogan »Die Hochtief AG baut den modernsten Betontempel der Luftfahrt in Wahn« und scheute nicht davor zurück, den »Betontempel« in einen Rang mit den Felsentempeln von Abu Simbel in Ägypten zu erheben, an deren Verlegung die Firma beteiligt war.[164]

Die entscheidende Frage bleibt: Gibt es Hinweise darauf, dass Köln/Bonn in den 1960er- und 70er-Jahren oder später beim Bau von Flughafenanlagen tatsächlich Pate gestanden hat? Ein erstes Anzeichen findet sich in Heft 40 der »Startbahn« aus dem Jahr 1971. Anlass ist der Neubau des Passagierterminals am Flughafen Hannover-Langenhagen. Der Bau ist von 1971 bis 1973 nach Plänen des Architekten Heinz Wilke (1927–1992) errichtet worden. »In beiden Konzeptionen für die neuen Fluggastabfertigungsgebäude wurde das von der Deutschen Lufthansa vertretene Prinzip der dezentralen Abfertigung verwirklicht«,[165] wird zu Baubeginn konstatiert. In Hannover hat man aufgrund von bis in die zweite Hälfte der 1960er-Jahre zurückgehenden Studien jedoch eine deutlich kompaktere Form gewählt: zwei durch einen zentralen Verbindungstrakt miteinander kommunizierende Dreiecke (Abb. 46), wobei der Verbindungstrakt vergleichbare Funktionen hat wie der mittlere Flügel des Randgebäudes in Köln/Bonn und zudem am Außenbau durch einen höheren Geschossaufbau akzentuiert ist.[166] In der vom Luftreisedienst Niedersachsen GmbH und der Flughafen Hannover-Langenhagen GmbH herausgegebenen Zeitschrift »Der Luftverkehr. Nachrichten vom Flughafen Hannover« wurde anlässlich der Inbetriebnahme der neuen Anlagen betont, man habe gerade nicht ein Drive-in-System realisieren wollen, da hiermit verschiedene Nachteile verbunden seien;[167] gleichwohl zeige Hannover durchaus eine Phase der Weiterentwicklung des in Köln/Bonn

46 Hannover-Langenhagen, Flughafengebäude, Heinz Wilke, 1971–1973, Ansicht von Osten (Werner Treibel, Geschichte der deutschen Verkehrsflughäfen. Eine Dokumentation von 1909 bis 1989, Bonn 1992, 272)

exponierten Systems einer dezentralen Abfertigung mit möglichst günstiger Anbindung an die Verkehrsnetze.[168] Beachtung verdient in diesem Zusammenhang ein Beitrag des oben bereits zitierten Lufthansa-Vorstands Hans Süssenguth, der sich 1973 erneut zur idealen Konzeption einer Fluggastanlage äußerte:

> Aufgabe des Architekten ist es dabei, die Übersichtlichkeit des Gebäudes auch architektonisch zu verwirklichen, das Gebäude transparent zu halten. Dies ist eine schwere Aufgabe, denn sie bedeutet: Weglassen, Weglassen von Schnörkeln, Schaukästen, architektonischem Zierrat, optischem Blickfang, Dingen, die den Fluggast ablenken, ihn beunruhigen und schließlich das Konzept verwässern.[169]

Hinsichtlich einer in die Zukunft gerichteten Konzeption von Flughafenterminals führte der Manager aus: »Das neue Fluggastgebäude Köln/Bonn war der Anfang«, der Anfang des Durchbruchs eines neuen Terminal-Typs mit kurzen Wegen, klarer Gliederung, Überschaubarkeit, kostengünstiger Bauweise und modularer Erweiterbarkeit, dezentraler und schneller Abfertigung sowie einer ausreichenden Zahl an Parkplätzen in unmittelbarer Nähe zu den Abfertigungsanlagen.[170]

Über den Hannoveraner Flughafen wurde die westdeutsche Anwendung des Drive-in-Prinzips in die Sowjetunion vermittelt. Der

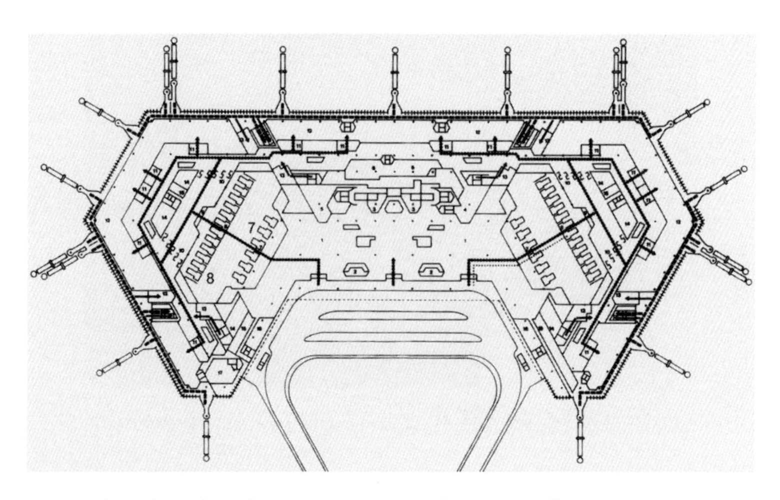

47 Moskau, Flughafen Scheremetjewo, Terminal 2, Heinz Wilke, 1977–1980, Grundriss Abflugebene (O. V., Aėrovokzal Šeremet□evo-2 = Fluggast-Abfertigungsgebäude Scheremetjewo-2, o. O. [1980]; Eintragung der Ziffern: Bodemann)

Flughafen Scheremetjewo, 1965 im Norden Moskaus errichtet, musste für die Olympischen Sommerspiele, die im Juli und August 1980 in der sowjetischen Hauptstadt stattfanden, erweitert werden. Der Auftrag für den Neubau eines internationalen Terminals (heute Terminal F, damals Scheremetjewo-2), der zunächst in Anlehnung an das Projekt von Gerkans, Margs und Nickels' für Berlin-Tegel errichtet werden sollte, wurde 1977 an die westdeutsche Stahlbaufirma Rüter vergeben, die nach Plänen von Heinz Wilke bereits den Hannoveraner Flughafen gebaut hatte.[171] Die im Februar 1980 eingeweihte und im Mai in Betrieb genommene Anlage (Abb. 47) lässt die Grenzen dieser besonders kompakten Form einer Drive-in-Anlage erkennen: Die Check-in-Schalter (Nr. 8) konnten erst nach Passieren der Zollabfertigung (Nr. 7) erreicht werden; dadurch wurde der Zeitvorteil, den das Prinzip der kurzen Wege mit sich bringt, wieder amortisiert.[172]

Klarer stellt sich die Vorbildfunktion des Köln/Bonner Terminals für den Flughafen Berlin-Tegel dar. Der Standort im Bezirk Reinickendorf war Ende der 1950er-Jahre gutachterlich »als geeignetes Flughafengelände für den Flugbetrieb mit strahlangetriebenen Verkehrsflugzeugen«[173] bestätigt worden. Da die Passagierzahlen sehr schnell anstiegen,[174] mussten im Süden der bestehenden Anlage mo-

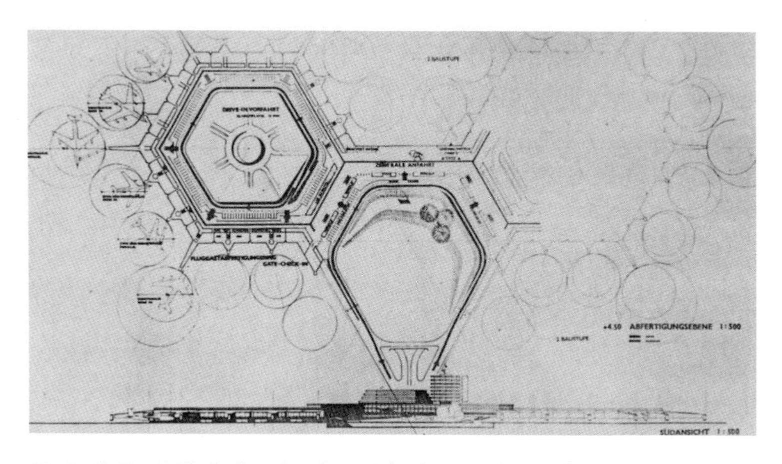

48 Berlin-Tegel, Flughafengebäude, Meinhard von Gerkan, Volkwin Marg und Klaus Nickels, überarbeiteter Entwurf der ersten Baustufe, 1967 (Werner Treibel, Geschichte der deutschen Verkehrsflughäfen, Bonn 1992, 79)

derne Abfertigungsgebäude errichtet werden. Einsendeschluss des Wettbewerbs, der am 3. Mai begann, war der 15. November 1965.[175] Von 68 eingereichten Arbeiten erhielt der Entwurf der Hamburger Architekten von Gerkan, Marg und Nickels den 1. Preis. Aus einer Ausgabe der Zeitschrift »Bauwelt« von 1966 erfährt man, dass sich viele Wettbewerbsteilnehmer an der im Bau begriffenen Abfertigungsanlage in Köln/Bonn orientierten und diese »dem Preisgericht als Richtlinie für Anerkennung diente«.[176] Abb. 48 zeigt den überarbeiteten Entwurf für die neue Abfertigungsanlage im Maßstab 1:500. Die abfliegenden Fluggäste erreichen die Anlage über ein Drive-in-System,[177] wobei in Berlin im Unterschied zu Köln/Bonn eine direkte Zufahrt in den Flugsteigring West gegeben ist,[178] so dass die Distanz Vorfahrt – Flugzeug laut Protokoll der Preisgerichtssitzung 20–30 Meter, den Berechnungen Strizics zufolge jedoch 75–105 Meter beträgt.[179] Die Berliner Drive-in-Anlage ist wie ihr Pendant in Köln/Bonn auf eine direkte Zufahrt in PKW oder Bus abgestellt.[180] Reinickendorf und Wahn verbindet ferner die hexagonale Grundstruktur der Flugsteigköpfe, die in Köln/Bonn durch Anfügung von Dreiecken sternförmig artikuliert ist, in Berlin in ihrer puren Grundstruktur belassen bleibt.[181] Was die Disposition Randgebäude – Flugsteigköpfe bzw. -ringe (mit dezentraler Abfertigung[182]) betrifft, ist festzuhalten, dass die Kölner Anlage in voller Ausbaustufe derer vier, die Berliner zwei hätte, wobei die der hier realisierten Anlage eigene Assymetrie weitgehend einer spiegelbildlichen Anordnung gewichen wäre. In Berlin wie in Köln/Bonn wies die zentrale Halle Buchungsschalter, Informationsstände, Läden, Warteflächen, Bars und andere übergeordnete Einrichtungen auf.[183] Die Verwendung horizontaler Bänder, die aufgrund ihres Farbtons optisch hervortreten,[184] sowie die einheitliche Gestaltung von Architektur und Ausstattung, die Köln/Bonn und Berlin-Tegel zu »Design-Objekten« macht, seien abschließend als weitere Gemeinsamkeit zwischen Schneider-Eslebens Bau und dem von Gerkans, Margs und Nickels' genannt.[185]

Auch nicht realisierte Wettbewerbsentwürfe (Abb. 49) lassen eine Nähe zu Köln/Bonn erkennen, etwa der Entwurf von Schwebes, Schoszberger und Steinmann (Nr. 11). Er zeigt eine Variation des Köln/Bonner Systems, wobei statt des dreiteiligen Randgebäudes ein geschlossenes Heptagon erscheint, von dessen Seiten aus sechs Flugsteigköpfe erreicht werden.[186] Arnold (Nr. 18) schlug hexagonale Kopfflugsteige vor, die von einem trapezförmigen Gebäudeteil erreicht werden, wobei sich mehrere davon zu einem an einer Ecke offenen Heptagon verbinden; der Zugang zu den Satelliten erfolgt über die Ecken (wie in Köln/Bonn). Das Randgebäude (»Zentralhalle«), das landseitig als gegen das Heptagon leicht gedrehtes Hexagon gebildet ist, umschließt ein kreisförmiges Parkhaus, mit dem es über Treppen und Aufzüge kommuniziert.[187] Eine ähnliche Konfiguration – zylinderförmiges Parkhaus, Randgebäude (zum Parkhaus hin allerdings nicht polygonal, sondern gekrümmt), fünf Satelliten (allerdings ebenfalls über einem Kreis zu errichten) – zeigt der Entwuf von Mosetter und Nuss (Nr. 45).[188] Pingel (Nr. 27) disponierte eine aus »zwei eigenständigen Abfertigungszentren mit jeweils einem Satelliten in der Grundbaustufe bzw. zweien in der Ausbaustufe« komponierte Anlage, wobei Abfertigungszentren und Satelliten im Kern aus Dreiecken bestehen, die über riegelförmige Strukturen miteinander verbunden sind.[189] Der Entwurf von Schmalor (Nr. 36) verbindet eine zentrale Halle mit pentagonalen Satelliten.[190] Der mit einem 2. Preis prämierte Entwurf von Müller, Pfanzler und Sickert (Nr. 47) ist im Grundsatz zwar an Köln/Bonn orientiert, geht jedoch in seiner starken Betonung der Assymmetrie über die Köln/Bonner Lösung hinaus.[191]

Nr. 11 (Schwebes, Schoszberger und Steinmann)

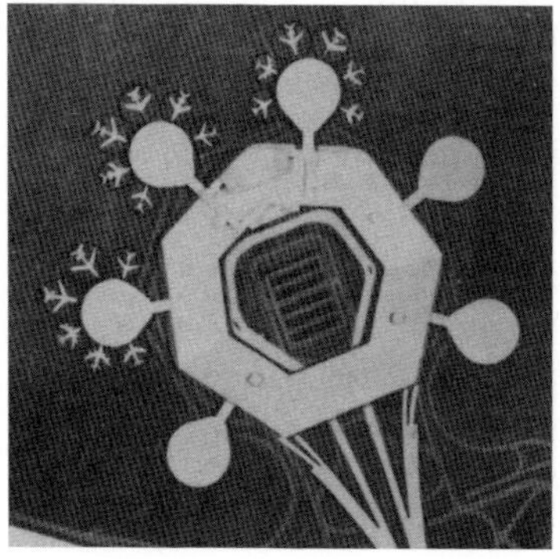

Nr. 36 (Schmalor)

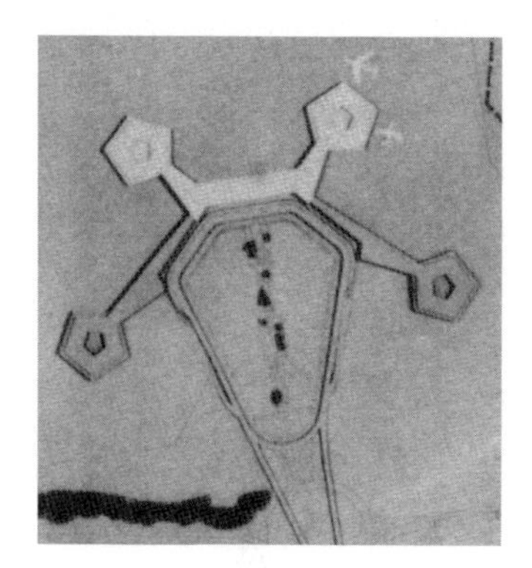

Nr. 18 (Arnold)

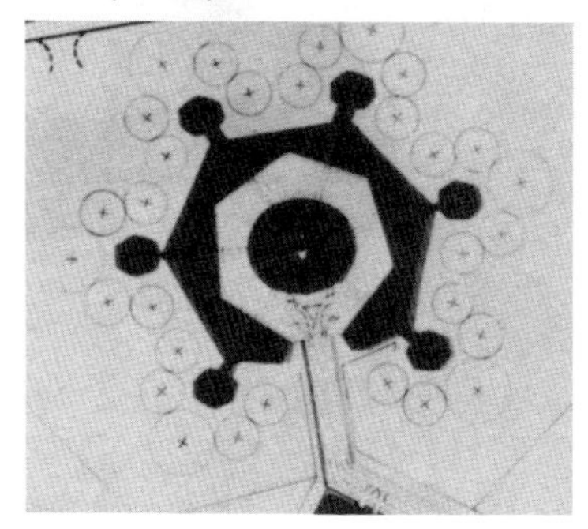

Nr. 45 (Mosetter/Nuss)

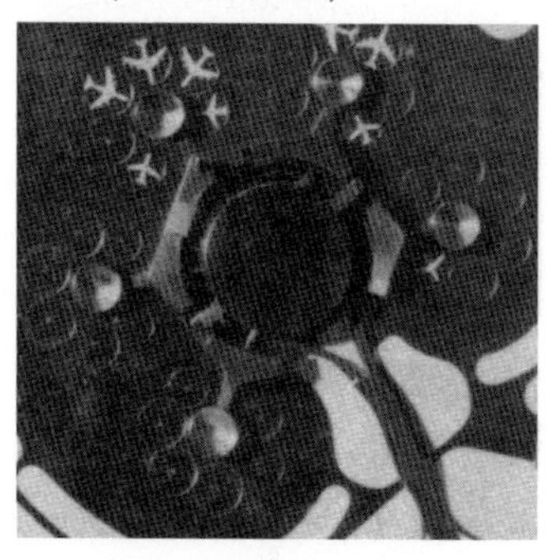

Nr. 27 (Pingel)

Nr. 47 (Müller/Pfanzler/Sickert)

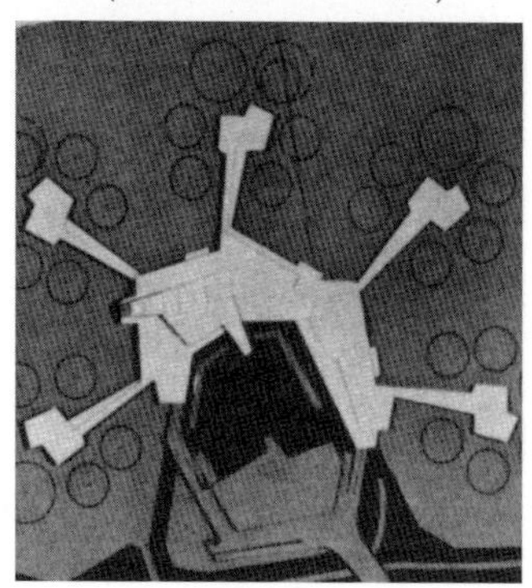

49 Berlin-Tegel, Entwürfe für den Ideenwettbewerb (1965) (Berliner Flughafen-Gesellschaft [Hg.], Der Ausbau des Flughafens Berlin-Tegel. Ergebnisse eines Ideenwettbewerbes, Berlin 1967)

50 Paul Schneider-Esleben, Entwurf für den Flughafen Berlin-Tegel, 1965, Modell des Ringterminals (© Architekturmuseum der TU München)

Auch Paul Schneider-Esleben hat einen Entwurf für den Neubau Berlin-Tegel eingereicht (Abb. 50). Sein Konzept einer Drive-in-Anlage sieht vor, den Dualismus Randgebäude – Flugsteigköpfe vollkommen zu überwinden. In Analogie zu einem seiner Entwürfe für Köln/Bonn (PSE 3.2, Abb. 31) wählte Schneider-Esleben für Berlin den Kreis als geometrische Grundform.[192] Daraus resultiert, dass sieben eigenständige Abfertigungseinheiten ringförmig um die zu- und abführenden Straßen herum angeordnet sind.[193] Der zylinderförmige Terminal, der allerdings nicht in Sichtbeton, sondern in Metall ausgeführt worden wäre, umschließt neben dem Straßen- auch das Parkplatzsystem. Vorfeldseitig erscheint er wiederum zackenförmig. Dadurch schwingt das Gebäude zwischen den ins Vorfeld vorgelagerten Kompartimenten zu seinem Mittelpunkt hin konkav ein. Schneider-Eslebens Entwurf wurde von der Jury des Wettbewerbs nicht in die engere Wahl gezogen. In der »Bauwelt«, die im 22. Heft ihres 57. Jahrgangs einen Artikel zum Wettbewerb Berlin-Tegel brachte, wird der Entwurf des Architekten nicht einmal erwähnt.[194]

1970 wurde die Öffentlichkeit darüber unterrichtet, dass das Kölner Modell auch für den geplanten Neubau des Flughafens Hamburg-Kaltenkirchen Orientierungspunkt sein sollte.[195] Das immerhin bis zu einem vom internationalen Fachpublikum beachteten Modell gediehene, seit 1962 stufenweise konkretisierte Projekt wurde jedoch im November 1980 per gerichtlicher Aufhebung des Planfeststellungsbeschlusses beendet.[196]

ZUSAMMENFASSUNG

Der von 1959 bis 1965 geplante und von 1966 bis 1970 errichtete Terminal des Flughafens Köln/Bonn war das Tor zur Welt der Bonner Republik. In einem durch langjährige Vorplanungen vorbereiteten, nicht immer konfliktfreien, im Ergebnis jedoch hochgradig leistungsfähigen Zusammenspiel von Verkehrsingenieuren und Paul Schneider-Esleben als Architekt sowie dessen Mitarbeitern entstand ein Bauwerk, das trotz des Primats von Funktionalität und Effizienz in Makro- und Mikrogestaltung auf menschlichen Proportionen basiert und solchermaßen den Akt der Passagierabfertigung umfassend positiv erlebbar macht. Obwohl es das Anliegen seiner Erbauer war, das Flughafen-Empfangsgebäude in seiner äußeren Präsenz vom historisch-paradigmatischen Erscheinungsbild repräsentativer Bahnhofsgebäude zu befreien, dabei eine pragmatische Lösung einer individuellen Baufgabe zu entwickeln und sich zugleich auf zeitgenössische architekturgeschichtliche Strömungen zu beziehen, ohne diese qua Mode zu adaptieren, kommt dem Regierungsflughafen naturgemäß eine dezent repräsentative Wirkung zu.

Das als »Drive-in-System« bezeichnete Prinzip der kurzen Wege sowie die dezentrale Abfertigung sind mit der Köln/Bonner Anlage innovativ und exemplarisch realisiert worden. Daher nahm – unmittelbar für die Neubauten der Flughäfen Berlin-Tegel, Hannover-Langenhagen und das Projekt für Hamburg-Kaltenkirchen sowie mittelbar für Moskau-Scheremetjewo – Schneider-Eslebens Bau schon im Entwurfsprozess den Rang eines Exemplums ein,[197] obwohl noch in den 1960er-Jahren etwa mit dem Flughafen Hannover eine nochmals effizientere Anlage errichtet wurde, die jedoch schon von Zeitgenossen als ästhetisch unbefriedigend kritisiert worden ist. Da der Luftverkehr der Nachkriegszeit insbesondere seit der Nutzung von strahlgetriebenen Flugzeugen für zivile Zwecke eine sich rasant wandelnde, bis zu Beginn der 1970er-Jahre auch durch technische Innovationen, steigende Passagierzahlen und eine liberale Luftfahrtpolitik stark beflügelte Branche war,[198] konnten Flughafenterminals grundsätzlich nicht in einer Weise errichtet werden, die eine unbeschränkt marktgerechte Nutzung für die Zukunft zu gewährleisten vermochte. Daher sind Ausdrücke wie »Bacillus« oder »Virus Coloniensis« eher von der Struktur der Anlage, weniger von ihrer spezifischen architektonischen Gestalt her zu verstehen, was das baukünstlerische Alleinstellungsmerkmal der Köln/Bonner Lösung umso deutlicher zutage treten lässt.

In den 1960er-Jahren errichtete Bauten wie der Köln/Bonner oder der Berliner Terminal stehen angesichts gigantischer Anlagen mit weiten Fußwegen oder sogar angesichts scheiternder Großbauprojekte bis heute als gültige, das Reiseerlebnis äußerst positiv beeinflussende Lösungen da. Allerdings werden auch hier von handfesten wirtschaftlichen Interessen getragene Umdeutungen von Flughafenterminals in »Einkaufszentren mit angeschlossener Passagierabfertigung«[199] architektonisch dahingehend virulent, dass sie die innere und äußere Gestalt der Komplexe verändernde Maßnahmen nach sich ziehen.

Das ästhetische Surplus eines hohen architektonischen, das heißt gestalterischen Anspruchs, der über die bloße Ausrichtung auf Funktionalität weit hinausgeht, macht Paul Schneider-Eslebens Terminal zum Dokument eines unprätentiösen Respekts vor der Menschenwürde bei gleichzeitigem Verzicht auf jegliche vordergründige Würdeformel. Solchermaßen ließe sich das Bauwerk vielleicht sogar als Ausdruck des Selbstverständnisses der Bonner Republik lesen, ja als »konkrete[r] Bauausdruck der Demokratie«.[200] Dieser erscheint gerade nicht mehr im traditionellen architektonischen Pathos. Stattdessen ist er charakterisiert durch »jegliches Fehlen von repräsentativem Imponiergehabe, Sachlichkeit, ja beinahe etwas in die Weite Auslaufendes, Grundsubstanz eines möglichen demokratischen Baustils«.[201]

ANMERKUNGEN

1 Zur Jahresangabe vgl. David Sheppard, On Some Faraway Beach. The Life and Times of Brian Eno, London 2015, 277.

2 Transkription: Madison Bloom (URL: www.audiofemme.com/noise-music-airports/, zuletzt aufgerufen am 5. Januar 2017). Für den Hinweis auf Eno danke ich Michael Stockhausen M.A. – Danken möchte ich auch: Jean-Luc Ikelle-Matiba, Prof. Dr. Roland Kanz, Prof. Dr. Hiltrud Kier, PD Dr. Dr. Grischka Petri und Prof. Dr. Georg Satzinger, KHI Bonn; Dipl.-Ing. Claudia Schneider-Esleben, Hamburg; Dr. Anja Schmidt, Architekturmuseum der TU München; David Fesser und Rudolf Winterstein, Deutscher Kunstverlag.

3 1978 veröffentlichte Eno mit »Ambient 1: Music for Airports« sein erstes der sogenannten Environmental Music zuzurechnendes Album. Eingesetzt wurde Enos Musik etwa in New York City (LaGuardia Airport), Minneapolis (Saint Paul International Airport) (vgl. Sheppard 2015 [wie Anm. 1], 279).

4 Vgl. Architektur der Nachkriegszeit in Nordrhein-Westfalen, hg. von Sonja Hnilica, Markus Jager und Wolfgang Sonne (Ausst.Kat. Dortmund, Dortmunder U, 25. September bis 9. November 2010), Bielefeld 2010, 9–12.

5 So der Titel von: Udo Mainzer, Die ungeliebten Baudenkmäler der Nachkriegszeit, in: Denkmalpflege im Rheinland 9 (1992), 1–7; vgl. ferner auch die Titel von Peter Kroos (Hg.): Architektur der 1960er und 70er Jahre. Qualitäten einer ungeliebten Baukunst in Dortmund, Dortmund 2008; oder Michael Hecker und Ulrich Krings (Hg.): Bauten und Anlagen der 1960er und 1970er Jahre – ein ungeliebtes Erbe? (Edition hdak, Haus der Architektur Köln; 4), Essen 2011. – Der Köln/Bonner Terminal von Schneider-Esleben ist meines Wissens bis heute nicht unter Denkmalschutz gestellt.

6 Angelika Schyma, Der »Traum vom Fliegen« beginnt am Boden, in: Denkmalpflege im Rheinland 9, Nr. 1 (1992), 8–13, hier 9.

7 Vgl. auch Peter Kaup, Die Flughäfen Köln und Hannover, in: Der Architekt, Nr. 9 (1978), 421–425, hier 421. – Schon 1980 schrieb Karlhans Müller: »Ergibt sich ihre Form nicht von selbst, so daß auf die Mitwirkung eines Architekten verzichtet werden kann? Diese Fragestellung ist heute überholt. Daß auch – oder gerade – Verkehrsbauwerke der künstlerischen Gestaltung bedürfen, ist inzwischen allgemein anerkannt« (Karlhans Müller: Verkehrsarchitektur in der Bundesrepublik Deutschland, München 1980, 5).

8 Blankenship spricht von »eine[r] Übergangszone zwischen verschiedenen Verkehrsarten« (Edward G. Blankenship, The Airport. Architecture, Urban Integration, Ecological Problems = Der Flughafen. Architektur, urbane Integration, Ökologie, Stuttgart 1974, 29).

9 Bauwerke, die dem Umschlag von Transportgütern dienen, werden nur insoweit betrachtet, als sie in einem architektonischen Ensemble mitsprechen oder spezifische Planungsgänge motiviert haben.

10 »For airports, often harbours of frustrated holiday-makers and neurotic business men, belong to that unreal world which ist neither the beginning nor the end of a journey« (Sherban Cantacuzino, Criticism: Monumental Air-

port. Köln/Bonn Airport Terminal in West Germany, in: The Architectural Review 149, Nr. 888 [1971], 95–102, hier 100).

11 Heutzutage spielt neben kurzen Wegen eine geräumige und lichtdurchflutete Architektur, die eine freie Sicht auf Vorfeld und Flugzeuge ermöglicht, eine wichtige Rolle, aber auch Restaurants, Supermärkte oder Kinos (vgl. Tom Nebe, Unter den Wolken. Was macht einen Flughafen zu einem sehr guten Flughafen?, Die Welt kompakt, 16. Januar 2017, 25).

12 Hans Süssenguth, Heute: Flughafenempfangsgebäude. Morgen: Fluggastabfertigungssystem, in: Die Startbahn, Heft 12/13 (1963), 12–13, hier 13. Vgl. ähnlich auch ders., Neue Methoden zur Abfertigung auf Flughäfen, in: Die Startbahn, Heft 14/15 (1964), 6–12, hier 9.

13 Blankenship 1974 (wie Anm. 8), 29.

14 Vgl. Paul Schneider-Esleben. Architekt, hg. von Andres Lepik und Regine Heß (Ausst.Kat. München, Architekturmuseum der TU München [Pinakothek der Moderne], 16. Juli bis 18. Oktober 2015), Ostfildern 2015.

15 Mainzer 1992 (wie Anm. 5), 2–4.

16 Vgl. Werner Treibel, Geschichte der deutschen Verkehrsflughäfen. Eine Dokumentation von 1909 bis 1989 (Die deutsche Luftfahrt; 18), Bonn 1992, 36. Vgl. auch Anja S. Stahn, Tierärztliche Grenzkontrollen an Deutschen Flughäfen zur Implementierung des Washingtoner Übereinkommens am Beispiel des Flughafens Frankfurt/Main in der Zeit von 1975–2002. Eine Untersuchung der Durchsetzung des Artenschutzübereinkommens und der darauf bezogenen Aufgaben von Tierärzten und Zöllnern am Flughafen Frankfurt/Main (Berlin, Freie Universität, Diss., 2004), Online-Publikation 2006 (URL: www.diss.fu-berlin.de/diss/receive/FUDISS_thesis_000000001939), 69, Abb. 7.

17 Die Typologie ist in der älteren Literatur etwa von Thompson (Arnold W. Thompson, Evolution and Future of Airport Passenger Terminals, in: Journal of the Aero-Space Transport Division 90 [1964], 127–134) und Blankenship (1974 [wie Anm. 8], 31–42) dargestellt worden. Siehe auch Brian Edwards, The Modern Airport Terminal. New Approaches to Airport Architecture, London/New York [2]2005; oder Robert Horonjeff, Francis McKelvey und William Sproule, Planning and Design of Airports, 5., aktualisierte Auflage New York u.a. 2010.

18 Vgl. Blankenship 1974 (wie Anm. 8), 39.

19 Süssenguth streicht die Vorteile aus Unternehmenssicht noch prägnanter heraus: »Hervorstechendstes Merkmal fast aller dieser neuen Anlagen sind die sogenannten Fingerflugsteige, die sich vom Hauptgebäude aus weit ins Vorfeld hinein erstrecken und es erlauben, die Passagiere wettergeschützt bis in unmittelbare Nähe des Flugzeuges gelangen zu lassen. Damit wird ein großer Fortschritt erzielt, weil das häufige ›Kindergarten-Sammeln‹ der Passagiere und das Zusammenpferchen in Vorfeld-Omnibussen wegfällt« (Süssenguth 1963 [wie Anm. 12], 12–13).

20 Vgl. Zdenko Strizic, Das Flugempfangsgebäude [sic]: veraltet, bevor zu Ende entworfen, in: Bauwelt, Heft 50 (1966), 1484–1488, hier 1488.

21 Vgl. Josef Krauthäuser (Hg.), Flughafen Düsseldorf. Vom Flugplatz Lohausen zu Düsseldorf International, Allershausen 2007, 63–64 (mit Abbildung).

22 »Die damals bestehenden deutschen Flughäfen waren Provisorien, die sich durch Anpassungen an die sich fortlaufend ändernde Entwicklung im Flugverkehr zu architektonisch und funktional unübersichtlichen Konglomeraten

ausgeweitet hatten [...] Auf dem Köln-Bonner Flughafenprojekt als Düsenverkehrs- und Regierungsflughafen lag somit in doppelter Hinsicht eine hohe Erwartungshaltung, aber auch eine Chance zu einer Typenbildung, die Vorbildcharakter bekommen sollte.« (Schyma 1992 [wie Anm. 6], 9.)

23 Heinrich Kosina, Moderne Flughafengestaltung, in: Die Startbahn, Heft 4 (1961), 62–63, hier 62.

24 Vgl. Karl Albert Reitz und Wilhelm Grebe, Der »Drive-in« Flughafen. Konzept für moderne Flughafengebäude, [Köln 1963], 1. – In kompakterem Format wurde die Studie publiziert in: Die Startbahn, Heft 12/13 (1963), 16–21.

25 Daher ist es meines Erachtens missverständlich, wenn Schade schreib, das im April 1959 gegründete Staatsneubauamt Verkehrsflughäfen mit Sitz in Porz-Wahn habe auf der Grundlage von Vorplanungen des Flughafen-Geschäftsführers Heinrich Steinmann die Planung geleistet, bis 1963 der Architekt Paul Schneider-Esleben anhand des Generalausbauplans mit Ausführungsplanung und architektonischer Gestaltung der neuen Abfertigungsanlage betraut wurde und erst dann das Drive-in-Konzept »geboren« worden sei (vgl. Günter Schade, Abschied von den Sternen. Der Flughafen Köln/Bonn, in: Köln – seine Bauten 1928–1988, bearbeitet und zusammengestellt von Heribert Hall, Köln 1991, 449–450, hier 450).

26 Reitz/Grebe 1963 (wie Anm. 24), 6. – Strizic schlägt vor, nur dann von einem Drive-in-Flughafen zu sprechen, wenn die Vorfahrt in unmittelbarer Nähe zur Abfertigung erfolgt (vgl. Strizic 1966 [wie Anm. 20], 1484–1485).

27 Vgl. Cantacuzino 1971 (wie Anm. 10), 94. In Los Angeles sind jedoch mehrere Terminal-Zentralgebäude vorhanden, was den Vergleich mit kompakteren Flughäfen nur bedingt möglich macht (vgl. auch Schyma 1992 [wie Anm. 6], 11). – Weitere nordamerikanische bzw. kanadische Lösungen, an denen man sich im Rheinland hatte orientieren können, sind die Flughäfen Toronto (1958–1964, John B. Parkin Associates, ehem. Aeroquay No. 1, 2004 niedergelegt) und Houston (1964–1969, Golemon & Rolfe, George und Abel B. Pierce, heute Terminal A und B); vgl. Cantacuzino 1971 (wie Anm. 10), 94.

28 Bereits 1951 sprach sich Heinz Piper in einem Planungsgutachten für den Flughafen Hannover für die dezentrale Abfertigung aus (vgl. Treibel 1992 [wie Anm. 16], 278, Anm. 33).

29 Vgl. Betsy Bradley und David M. Breiner, Trans World Airlines Flight Center (now TWA Terminal A) at New York International Airport [...], hg. von der Landsmark Preservation Commission, New York 1994, 3.

30 Reitz und Grebe sprechen es als »International Building« an und beschreiben es als Abflugterminal (vgl. Reitz/Grebe 1963 [wie Anm. 24], 6). Das von Skidmore, Owings and Merrill entworfene, 1958 fertiggestellte International Arrivals Terminal diente zwar in erster Linie als Ankunfterminal, hatte aber auch Abflugbereiche (vgl. David Brodherson, »An Airport in Every City«. The History of American Airport Design, in: John Zukowsky (Hg.), Building for Air Travel. Architecture and Design for Commercial Aviation, Chicago u.a. 1996, 67–95, hier 88).

31 Die unterirdische Anlage ist Kurzzeitparkern vorbehalten. Langzeitparker lassen den PKW vom Flughafenpersonal auf einen zentralen Parkplatz bringen (vgl. Reitz/Grebe 1963 [wie Anm. 24], 9). Bushaltestellen können bei kurzen Fingerflugsteigen auch vor dem Hauptterminalgebäude angelegt werden, ansonsten sind sie in die unterirdische Anlage zu integrieren (vgl. ebd., 12).

32 Vgl. Reitz/Grebe 1963 [wie Anm. 24], 7. – Die unterirdische Zufahrt, wie sie Abb. 6 zeigt, stellt keineswegs die einzige Lösung dar (vgl. ebd., 30).

33 Ebd., 7.

34 Vgl. ebd., 20.

35 Ebd., 30–31; hierin unterscheiden sich Reitz und Grebe signifikant von Strizic, der eine direkte Vorfahrt an die Abfertigungspositionen postuliert (vgl. Anm. 27).

36 Vgl. Reitz/Grebe 1963 [wie Anm. 24], 31.

37 Schon der erste Flughafen der Stadt Köln, der Butzweiler Hof, war seit 1913 über die Flughafenstraße mit dem Kölner Hauptbahnof verbunden.

38 Vgl. Luciano Caramel und Alberto Longatti, Werkverzeichnis, in: Antonio Sant'Elia. Gezeichnete Architektur, hg. von Vittorio Magnago Lampugnani (Ausst.Kat. Frankfurt am Main, Deutsches Architektur-Museum, 7. Februar bis 17. Mai 1992), München 1992, 81–211, hier 180 (Kat. 292). Vgl. zudem Esther da Costa Meyer, The Work of Antonio Sant'Elia. Retreat into the Future (Yale Publications in the History of Art; teilw. zugl. New Haven, Conn., Yale Univ., Diss., 1987), New Haven u.a. 1995, 125–127.

39 Für eine Abbildung siehe Da Costa Meyer 1995 (wie Anm. 38), 150.

40 Vgl. ebd., 138.

41 Zu Sant'Elias und Le Corbusiers Flughafenvisionen vgl. auch Hugh Pearman, Airports. A Century of Architecture, London 2004, 80–86.

42 Le Corbusier und Pierre Jeanneret, Œuvre complète de 1910–1929, Zürich [4]1946, 120.

43 Vgl. Zulfikar Abbany, Der Flugzeugträger für die Stadt – Ein Flughafen für die Zukunft, Deutsche Welle, Wissen & Umwelt, Artikel vom 2. Juni 2016, URL: www.dw.com/de/der-flugzeugträger-fürdie-stadt-ein-flughafen-für-die-zukunft/a-19299733, zuletzt aufgerufen am 2. März 2017.

44 Vgl. Günther Kühne, Wettbewerb Flughafen Berlin-Tegel, in: Bauwelt, Heft 22 (1966), 650–659, hier 653; Berliner Flughafen-Gesellschaft (Hg.), Der Ausbau des Flughafens Berlin-Tegel. Ergebnisse eines Ideenwettbewerbes, Berlin 1967, Nr. 26.

45 Vgl. Die Startbahn, Heft 2 (1958), 4. – Zur Einrichtung eines Verkehrsflughafens in Nordrhein-Westfalen und der damit verbundenen Problematik siehe in knapper Form: Susanne Hilger, »Höher, schneller, weiter«. Köln und Düsseldorf im Wettlauf um Messe und Flughafen, in: Annette Fimpeler (Hg.), Düsseldorf – Köln. Eine gepflegte Rivalität, Köln 2012, 171–189, hier 184– 186. Vgl. ausführlich zum Flughafen in Wahn: Thomas Böhlke, Die Flughäfen in Köln – vom Butzweilerhof bis zum Flughafen Köln/Bonn in Wahn, in: Jahrbuch des Kölnischen Geschichtsvereins 75, Nr. 1 (2004), 197–252, hier 203–232.

46 Vgl. hier und im Folgenden Heinrich Steinmann, Der Düsenverkehrsflughafen Köln/Bonn wächst, in: Die Startbahn, Heft 5 (1961), 13–15. Vgl. auch Edgar Mayer, Bernd Dreher und Bodo Rinz, 80 Jahre zivile Luftfahrt in Köln. Eine Erfolgsgeschichte, hg. von der Flughafen Köln/Bonn GmbH und der Stiftung Butzweilerhof Köln, Köln 2006, 96–97.

47 Heinrich Steinmann, Flughafen Köln/Bonn, in: Die Startbahn, Heft 1 (1958), 4–7, hier 5.

48 Vgl. Die Startbahn, Heft 2 (1958), 4–5. – 1958 formulierte man noch bescheiden: »Die vorläufige Hauptstadt der Bundesrepublik Deutschland hat

die Aufgabe übernommen, Platzhalter für die einstige Hauptstadt Berlin zu sein. Entsprechend hat der Flughafen Köln/Bonn die Aufgabe, Platzhalter für den Flughafen Berlin-Tempelhof zu sein« (Die Startbahn, Heft 1 [1958], 2).

49 Vgl. Friedrich Franke, »Köln/Bonn«. Brücke für die Welt, in: Die Startbahn, Heft 5 (1961), 4–13, hier 8.

50 Vgl. Carl Mudlagk, Flughafen Köln/Bonn – Die Entwicklung seines Luftverkehrs, in: Die Startbahn, Heft 7 (1962), 10–26, hier 10 bzw. 20. Vgl. auch Treibel 1992 (wie Anm. 16), 292–303.

51 Heinrich Kosina (1899–1977) war seit den 1920er-Jahren mit Flughafenplanungen befasst und hatte schon an Gebäuden des Flughafens Berlin-Tempelhof mitgewirkt, später in Nürnberg und Stettin, Frankfurt und anderswo. Zudem hatte er sich in mehreren Beiträgen in der Diskussion um den modernen Flughafenbau zu Wort gemeldet (vgl. Klaus Konrad Weber, Kosina, Heinrich, in: Neue Deutsche Biographie 12, Berlin 1980, 615).

52 Fritz Wolters spricht daher von »Entwicklungsarbeiten für diese bauliche Anlage« (Fritz Wolters, Der Ausbau des Verkehrsflughafens Köln/Bonn, in: Die Startbahn, Heft 21 [1966], 16–23, hier 20).

53 Zum Flughafen Genf-Cointrin vgl. etwa Bernard Lescaze, L'envoi d'une ville. Histoire de l'aéroport de Genève, Genf 2009.

54 Cantacuzino hat allerdings darauf hingewiesen, dass der Genfer Flughafen trotz der weiten Wege aufgrund einer klaren Organisation der Ebenen zu den beliebtesten in Europa gehörte (vgl. Cantacuzino 1971 [wie Anm. 10], 100). – Für eine vergleichbare Lösung siehe den Wettbewerbsentwurf von Curtis & Davis, Baker & Blake und Eugen Bruno für den Neubau des Flughafens Berlin-Tegel (Berliner Flughafengesellschaft 1967 [wie Anm. 44], Nr. 7) oder jene von Kreiss (Nr. 53), Heinle und Wischer (Nr. 54), Mang und Mang-Frimmel (Nr. 55), Cerasi und Cerasi (Nr. 59) sowie Fleig (Nr. 60).

55 Heinrich Steinmann, Der Flughafen Köln/Bonn und die Ausbauplanung, in: Die Startbahn, Heft 14/15 (1964), 14–43, hier 18.

56 Vgl. Anm. 143.

57 Die Behörde wurde 1973/74 wieder aufgelöst, ihr Dienstgebäude der Nutzung durch den Bundesgrenzschutz überlassen (vgl. Landesarchiv NRW, Abteilung Rheinland, Aktenzeichen StNBA Verkehrsflughäfen 50-00).

58 Für eine Abbildung, die beide Lösungen zeigt, siehe Die Startbahn 6 (1961), 13.

59 »Die ersten Planungen für das Abfertigungsgebäude waren zweifellos noch von Gedankengängen beeinflußt, wie sie in Abfertigungsgebäuden auf Flughäfen mehrerer europäischer Anlagen ihren Niederschlag gefunden haben. Hier wären die Anlagen auf den Flughäfen Brüssel, Kopenhagen, Paris-Orly und Rom-Fiumicino zu nennen. [...] Unter anderen waren das zentrale Abfertigungssystem mit Flugsteigfingern oder mit Transport der Fluggäste durch Omnibusse an die Maschinen [...] zunächst Gegenstand der Überlegungen. Alle diese Systeme gaben aber keine befriedigende Lösung, weil sie viele Nachteile, vor allen Dingen die langen Wege für die Fluggäste, mit sich brachten. Mit Beiträgen der LUFTHANSA ergab sich dann später die ›dezentrale‹ Abfertigung« (Wolters 1966 [wie Anm. 52], 20).

60 Thompson hat 1964 die Satellitenvariante als Lösung der Zukunft präsentiert und die Emanzipation des Flughafenterminals vom Bahnhofterminal proklamiert (vgl. Thompson 1964 [wie Anm. 17], 133). Franke hingegen bemühte im Dezember 1962, als bereits die dezentrale Abfertigung in Satelliten

beschlossen war, noch den Vergleich mit der Kölner Bahnhofsarchitektur (vgl. Friedrich Franke, Köln/Bonn. Verkehrsentwicklung und Flughafenausbau, in: Die Startbahn, Heft 10 [1962], 45).

61 Die Gruppierung der Flugsteigköpfe um das Zentralgebäude herum führte zu Weglängen zwischen 195 und 275 Metern (statt 600 Metern; vgl. Steinmann 1964 [wie Anm. 55], 21).

62 Es sei daran erinnert, dass das zentrale Empfangsgebäudes von Reitz und Grebe auch innerhalb einer für die dezentrale Abfertigung (Gate-check-in) eingerichteten Anlage keineswegs grundsätzlich in Frage gestellt wird.

63 Vorläufer der Fluggastbrücken sind an dem in den 1930er-Jahren geschaffenen »Beehive-Terminal« des Flughafens London Gatwick realisiert worden. Der 1936 in Betrieb genommene, nach Entwürfen von Hoar, Marlow and Lovett errichtete Zentralbau besteht aus einem Tower, um den in konzentrischen Kreisen mit abnehmender Geschosszahl Abfertigungsräume, Büros und Gänge angeordnet sind. Aus den letztgenannten führten modernen Fluggastbrücken ähnelnde, teleskopartige Verbindungsgänge zum Flugzeug, die geschlossen waren und die Passagiere daher vor Regen schützten.

64 Paul Schneider-Esleben, Das neue Empfangsgebäude Flughafen Köln/Bonn, in: Die Startbahn, Sonderheft Ausbau Flughafen Köln/Bonn (1967), 22–31, hier 24. – Das Problem der Beteiligung von Architekten bei Ingenieurbauten wird mit Blick auf Autobahnen erhellend erörtert in: Rino Tami, Die Beteiligung des Architekten bei Ingenieurbauten. Ästhetische Probleme beim Bau von Autobahnen, in: Deutsche Bauzeitung 109 (1970), 715–719.

65 Steinmann 1964 (wie Anm. 55), 24. Den Mehrkosten für die technischen Einrichtungen zur Belüftung und Beleuchtung der Tunnelanlage hätten deutlich höhere Einnahmen in Form von Parkplatzgebühren gegenübergestanden.

66 Paul Maximilian Heinrich Schneider von Esleben war der Sohn eines Architekten und Denkmalpflegers, dessen Büro er nach dem Tod des Vaters 1947 übernahm. Schneider-Esleben hatte an der Technischen Hochschule Darmstadt bei Joseph Tiedemann sowie an der Technischen Hochschule in Stuttgart bei Hugo Keuerleber und Richard Döcker studiert. Bevor er in Köln/Bonn aktiv wurde, hatte er sich vor allem durch Bauten in Düsseldorf einen Namen gemacht. 1956 war Schneider-Esleben der Große Kunstpreis des Landes Nordrhein-Westfalen in der Sparte Architektur verliehen worden. Als späte, mittelbare »Folge« dieser Verleihung ist der Flughafen-Auftrag zu sehen. Der Architektenvertrag wurde im April 1963 geschlossen (vgl. Schneider-Esleben 1967 [wie Anm 64], 24). – Für ausführliche Informationen zur Biographie Schneider-Eslebens siehe Rolf Beckers, Der Architekt Paul Schneider-Esleben (zugl. Bonn, Univ. Diss., 1995), Weimar 1995; Regine Heß, Paul Schneider-Esleben. Biografie 1915–2005, in: Ausst.Kat. München 2015 (wie Anm. 14), 18–23; Wolfgang Amsoneit, »Große Architekten«. Eine Auswahl bekannter Architekten, die für das Land gearbeitet haben und arbeiten, in: Der Minister für Landes- und Stadtentwicklung des Landes Nordrhein-Westfalen (Hg.), Architektur des Staates. Eine kritische Bilanz staatlichen Bauens in Nordrhein-Westfalen von 1946 bis heute, Kleve 1984, 105–127, hier 117 (hier wird Schneider-Esleben unter den »großen Architekten« des Landes Nordrhein-Westfalen aufgeführt). – Für ein journalistisches Porträt vgl. Ruth Seering, Ein Düsseldorfer baut Kölns Flughafen. Gespräch mit Professor Paul Schneider-Esleben, in: Düsseldorfer Hefte 12, Nr. 10 (1967), 23–28.

67 Siehe Anm. 64. – »Der Vorentwurf des Staatsneubauamtes erfuhr bei der weiteren Bearbeitung des Projekts nach vielen Zwischenentwurfsstudien grundsätzliche Änderungen, denen in der Hauptsache weitere funktionelle Überlegungen zugrunde lagen« (Siegfried Nagel und Siegfried Linke [Bearb.], Bauten des Verkehrswesens. Parkhäuser · Tankstellen · Bahnhöfe · Flughäfen, hg. von der Deutschen Bauzeitschrift [DBZ-Baufachbücher; 15], Gütersloh/Düsseldorf 1973, 144).

68 Für eine in dieser Hinsicht teilweise ausführlichere Darstellung siehe Heinrich Klotz (Hg.), Paul Schneider-Esleben. Entwürfe und Bauten 1949–1987, Braunschweig/Wiesbaden 1987, 16–20 und 88–95. Die zweite, um die von 1987 bis 1997 entstandenen Bauten ergänzte und auch ansonsten veränderte Auflage erschien 1996 in Ostfildern-Ruit.

69 Steinmann 1964 (wie Anm. 55), 28.

70 Diese Idee griff Schneider-Esleben bei einem in das Jahr 1969 datierenden Entwurf für den Flughafen Luxembourg auf (für eine Abbildung siehe Klotz 1987 [wie Anm. 68], 108).

71 Vgl. auch ebd., 18.

72 Steinmann 1964 (wie Anm. 55), 28.

73 Schneider-Esleben 1967 (wie Anm. 64), 24. – Die Modelle Abb. 27 und 30 wurden 1964 in der »Bauwelt« publiziert (vgl. Günther Kühne, Projekt für den Köln-Bonner Flughafen in Wahn zu Porz / Schneider-Esleben, in: Bauwelt, Heft 23 [1964], 655–657, hier 655).

74 Daher ist Beckers in vollem Umfang zuzustimmen, der konstatiert: »Mit dem Empfangsgebäude des Flughafens Köln-Bonn bewies Paul Schneider-Esleben, daß auch die scheinbar primär von technischen, organisationstechnischen und wirtschaftlichen Erwägungen dominierte Planung eines Flughafens noch gestalterischen Kriterien unterliegen kann« (Beckers 1995 [wie Anm. 66], 190). In diesem Zusammenhang ist allerdings zu bedenken, dass dem Architekten vom Auftraggeber/Bauherrn größtes Verständnis und die Bereitschaft, weit gediehene Planungen zu modifizieren, entgegengebracht wurde (vgl. Anm. 104).

75 Vgl. hierzu besonders Klotz 1987 (wie Anm. 68), 19.

76 Steinmann 1964 (wie Anm. 55), 30.

77 Vgl. ebd., 32.

78 Beckers 1995 (wie Anm. 66), 277.

79 Schneider-Esleben 1967 (wie Anm. 64), 24–25; vgl. auch Anm. 74.

80 Möglicherweise hat Schneider-Esleben bei seinen Entwürfen für eine Erweiterung der Anlage, insbesondere für das neue Airport-Center, hierauf zurückgegriffen (für Abbildungen siehe Klotz 1996 [wie Anm. 68], 111 und 115.

81 Vgl. Anm. 77.

82 Schneider-Esleben 1967 (wie Anm. 64), 25.

83 Zur Vollklimatisierung der Anlage, die seinerzeit eine technische Errungenschaft darstellte, vgl. insbesondere Harald Luks, Die Klimatisierung in der Abfertigungsanlage, in: Die Startbahn, Heft 32 (1969), 24–29. Vgl. ferner o.V., Die neue Abfertigungshalle des Flughafens Köln/Bonn, in: Hochtief Nachrichten 43, September (1970), 2–39, hier 23 und 28.

84 Vgl. Nagel/Linke 1973 (wie Anm. 67), 147.

85 Vgl. Schneider-Esleben 1967 (wie Anm. 64), 25.

86 Ebd.

87 Zdenko Strizic hat allerdings bestritten, dass Schneider-Eslebens Bau unter die Kategorie der Drive-in-Terminals fällt (vgl. Anm. 26). – Zum Köln/Bonner Flughafen als Drive-in-Flughafen mit dezentraler Abfertigung vgl. auch Müller 1980 (wie Anm. 7), 148.
88 Karl Albert Reitz, Flughafenplanungen aus der Sicht der Lufthansa, in: Wilhelm Grebe (Hg.), Flughafenplanung und -ausbau in Österreich, der Schweiz und der Bundesrepublik Deutschland (Schriftenreihe der Deutschen Verkehrswissenschaftlichen Gesellschaft e.V., Hannover), Bergisch Gladbach 1984, 46.
89 Siehe Anm. 34.
90 Vera Simone Bader, Kat. 14: Verwaltungsgebäude der Commerzbank, in: Ausst.Kat. München 2015 (wie Anm. 14), 134–136, hier 134.
91 Wenn Schneider-Esleben ein Bauwerk ohne jeden architektonischen Anspruch schaffen will, so stellt er dieses doch unter jene Bedingungen, unter denen Verkehrsbauten zuvor wahrgenommen wurden: wie repräsentative Bahnhofsgebäude.
92 Vgl. hierzu die Baubeschreibung auf S. 63–68.
93 Reinhard Gieselmann und Oswald Mathias Ungers, Zu einer neuen Architektur, in: Programme und Manifeste zur Architektur des 20. Jahrhunderts, zusammengestellt und kommentiert von Ulrich Conrads (Bauwelt-Fundamente; 1), Basel u.a. 2001 [Nachdruck der 2. Auflage 1981], 158–159, hier 159.
94 Ebd., 158.
95 W. Lethgau, Blickpunkt: Neubau Flughafen Köln/Bonn. Stand April 1965, in: Die Startbahn, Heft 17 (1965), 18–19, hier 18.
96 Friedrich Franke, Grundsteinlegung zum »DRIVE-IN«-FLUGHAFEN KÖLN/BONN mit dezentraler Abfertigung, in: Die Startbahn, Heft 18 (1965), 4–8, hier 4.
97 Zitiert nach ebd., 5–6.
98 Ebd., 6.
99 Ebd.
100 Ebd., 7.
101 Ebd., 5.
102 Wolters 1966 (wie Anm. 52), 22.
103 Vgl. S. 48.
104 Cantacuzino betont, dass man es dem Staatsneubauamt und der Flughafengesellschaft als Auftraggeber und Bauherr hoch anrechnen müsse, dass diese sich trotz weit gediehener Vorplanungen auf die vom Architekten vorgeschlagenen Änderungen einließen (vgl. Cantacuzino 1971 [wie Anm. 10], 94). – Über die Frage der Urheberschaft wurde 1970 in der Presse über eine Auseinandersetzung zwischen Schneider-Esleben und Wolters berichtet (vgl. Herbert Uniewski, Wie man aus Bonn rausfliegt. Am Rhein wurde der schnellste Flughafen der Welt gebaut. Jetzt machen sich Architekt und Baubehörde den Ruhm streitig, Stern Magazin, Nr. 15 [1970], 24–28, besonders 28. Vgl. auch o.V., Eine Verleumdung, eine Klage und viel Sympathie. Nachspiel zur Kölner Flughafenplanung, in: Baumeister. Zeitschrift für Architektur, Planung, Umwelt 68 [1971], 1504).
105 Für eine ausführliche fotografische Dokumentation siehe die Zeitschrift »Hochtief-Nachrichten«, Ausgabe September 1970.

106 Vgl. W. Lethgau, Blickpunkt: Neubau Flughafen Köln/Bonn. Stand November 1965, in: Die Startbahn, Heft 19 (1965), 38–39, hier 38.
107 Vgl. Gerd Reinmann, Blickpunkt: Neubau Flughafen Köln/Bonn. Stand Oktober 1966, in: Die Startbahn, Heft 23 (1966), 12–14, hier 12.
108 Vgl. Gerd Reinmann, Blickpunkt: Neubau Flughafen Köln/Bonn. Stand März 1967, in: Die Startbahn, Heft 25 (1967), 18–20, hier 20.
109 Vgl. W. Leopold, Neubau Flughafen, in: Die Startbahn, Heft 26 (1967), 18–20, hier 20.
110 Vgl. W. Leopold, Neubau Flughafen, in: Die Startbahn, Heft 27 (1967), 10–12, hier 12.
111 Schneider-Esleben 1967 (wie Anm. 64), 27–28.
112 Vgl. W. Leopold, Neubau Flughafen Köln/Bonn, in: Die Startbahn, Heft 29 (1968), 24–26, hier 25.
113 Vgl. W. Leopold, Neubau Flughafen Köln/Bonn, in: Die Startbahn, Heft 30 (1968), 20–23, hier 20–22.
114 Vgl. hier und im Folgenden Flughafen Köln/Bonn, Richtfest – 23. 1. 1969. Empfangsgebäude, in: Die Startbahn, Heft 31 (1969), 4–11.
115 Zitiert in ebd., 9.
116 In der »Startbahn« ist hiervon jedenfalls nicht die Rede.
117 Vgl. Karl Kaufhold, Ausbau Flughafen Köln/Bonn, in: Die Startbahn, Heft 32 (1969), 40–45, hier 41.
118 In Ausgabe 34/35 (1969/70) der »Startbahn« berichtete Kaufhold auf den Seiten 28–43 nochmals ausführlich über den Flughafenausbau.
119 Vgl. Flughafen Köln/Bonn, Ausbau Flughafen Köln/Bonn, in: Die Startbahn, Heft 33 (1969), 46–48, hier 47–48.
120 Zitiert nach Friedrich Franke, 20. März 1970: Start frei!, in: Die Startbahn, Heft 36 (1970), 8–20, hier 9. – Anlässlich der Einweihung erschien im Kölner Greven-Verlag ein Bildband: Friedrich Franke, Flughafen Köln/Bonn, Köln 1970.
121 Franke 1970 (wie Anm. 120), 12.
122 Kritisch hierzu etwa Peter Kaup: »Repräsentationswille wird hier deutlich, der Raum wirkt [...] etwas zu groß, unausgefüllt, trotzdem angenehm [...] Der Vorteil des Baukonzeptes liegt [...] in der [...] verbindenden Wirkung des Empfangsgebäudes. Gerade diese Durchsichtigkeit entspricht doch der Vorstellung von Orientierbarkeit, dem Bedürfnis nach Sicherheit beim Benutzer und dem Erlebniswert eines Flughafens. Das Hauptanliegen dieser Gestaltung könnte ja das Sichtbarmachen aller Vorgänge, auf der ›Land‹- wie ›Luft‹-Seite, das Erleben des Umsteigevorgangs, das Gefühl [sic] nicht einer Abfertigungsmaschinerie ausgeliefert zu sein, sondern selbsttätig und bewußt die einzelnen Abfertigungsvorgänge wahrzunehmen, sein« (Kaup 1978 [wie Anm. 7], 424. – In einem Interview äußerte sich Schneider-Esleben selbst zum »Erlebniswert« seiner Terminalarchitektur: »›[...] Es soll für den Gehenden und Kommenden in guter Funktion ein architektonisches Erlebnis werden – und nicht nur ein Umschlagplatz für Mensch und Ware‹« (zitiert nach Seering 1967 [wie Anm. 66], 26).
123 Dieses Motiv nahm Schneider-Esleben 1973/74 in einem Entwurf für den Airport Amman in Jordanien wieder auf, wobei er hier, einer zeitgenössischen Mode folgend, die Brüstungskanten in einem 45-Grad-Winkel abschrägte (vgl. Beckers 1995 [wie Anm. 66], 192).

124 Vgl. etwa Paul Schneider-Esleben, Flughafen Köln/Bonn [mit einer redaktionellen Einleitung], in: Detail. Zeitschrift für Architektur + Baudetail, Heft 4 (1970), 805–818, hier 806.
125 Schneider-Esleben bezeichnete sie als »fast autarke Gebilde« (Schneider-Esleben 1967 [wie Anm. 64], 23).
126 Vgl. Die Startbahn, Heft 29 (1968), 59. – Cellidor B sp MH/EK ist ein von der Bayer AG hergestelltes Thermoplast auf der Basis von Celluloseacetobutyrat. Dieses Polymer erfüllt mit Eigenschaften wie Bruchfestigkeit, Witterungs- und Temperaturbeständigkeit wichtige Anforderungen für den Einsatz im Flughafenbau.
127 Vgl. Beckers 1995 (wie Anm. 66), 190.
128 Die Oberlichter sind erforderlich, da die zum Vorfeld hin aus der Wand ausgesparten Fensterreihen keine hinreichende Beleuchtung der Flugsteigköpfe gewährleisten, zumal zwecks Verminderung der Geräuschbelästigung Betonlamellen eingestellt sind (vgl. Paul Schneider-Esleben, Flughafen-Abfertigungsgebäude Köln/Bonn, in: Bauen + Wohnen 22, Heft 10 [1968], 364–368, hier 364).
129 Friedrich Möbius, Heliotropismus im Sakralbau. Zu kosmologischen Aspekten der mittelalterlichen Kirchenarchitektur, in: Jürgen Hübner, Ion-Olimpiu Stamatescu und Dieter Weber (Hg.), Theologie und Kosmologie. Geschichte und Erwartungen für das gegenwärtige Gespräch (Religion und Aufklärung; 11), Tübingen 2004, 209–222, hier 209.
130 Schyma 1992 (wie Anm. 6), 13.
131 Beckers 1995 (wie Anm. 66), 189; vgl. auch Schyma 1992 (wie Anm. 6), 10 und 13.
132 Ebd., 13. Schyma verweist hier auf das von Eero Saarinen entworfene TWA-Terminal in New York, wo sie »[e]ine vergleichbare Symbolsprache« erkennt.
133 Beckers 1995 (wie Anm. 66), 189. Vgl. auch Schyma 1992 (wie Anm. 6), 13.
134 Beckers 1995 (wie Anm. 66), 189.
135 Schyma 1992 (wie Anm. 6), 13.
136 Regine Heß, Kat. 17: Flughafen Köln–Bonn, in: Ausst.Kat. München 2015 (wie Anm. 14), 148–157, hier 153.
137 Schneider-Esleben 1967 (wie Anm. 64), 28–29.
138 Heß 2015 (wie Anm. 136), 151.
139 Einen solchen Bescheidenheitsgestus haben allerdings selbst sachkundige Zeitgenossen nicht zu erkennen vermocht. Peter Kaup etwa notierte: »So scheint in Köln-Bonn der Repräsentationsanspruch eines ›hauptstädtischen‹ Flughafens nicht ohne Einfluß auf die Planung gewesen zu sein [...] In Köln-Bonn wirkt der Empfangsbereich im Verhältnis zu den Flugsteigköpfen überzogen« (Kaup 1978 [wie Anm. 7], 422).
140 Vgl. Anm. 48.
141 Cantacuzino 1971 (wie Anm. 10), 99: »The explanation lies in the clients' wish to provide the Federal Capital with a ›worthy‹ airport and in the architect's unstinting response to this part of the brief.«
142 Zitiert nach Uniewski 1970 (wie Anm. 104), 28. – Zur Frage einer Staatsarchitektur in Nordrhein-Westfalen im Sinne eines »konkreten Bauausdruck[s] der Demokratie« (»Würdeformen sind überflüssig«): Christoph Hackelsberger, Architektur des Staates – Demokratie als Bauherr, in: Der Minister für Landes- und Stadtentwicklung des Landes Nordrhein-Westfalen (Hg.),

Architektur des Staates. Eine kritische Bilanz staatlichen Bauens in Nordrhein-Westfalen von 1946 bis heute, Kleve 1984, 22–32, hier 22–23 und 28. – Bereits 1977 notierte Heinrich Klotz: »Während die Architekten in der Bundesrepublik darum bemüht waren, das Drama einer tektonischen Struktur ausdrucksstark zu veranschaulichen und sogar noch den Charakter des Materials hervorzuheben, haben sie sich andererseits nahezu einhellig davor gehütet, andere Mitteilungsformen zu suchen, die nicht allein die Gehalte der Architektur selbst zum Inhalt haben« (Heinrich Klotz, Architektur in der Bundesrepublik. Gespräche mit Günter Behnisch, Wolfgang Döring, Helmut Hentrich, Hans Kammerer, Frei Otto, Oswald M. Ungers, Frankfurt am Main u.a. 1977, 8).

143 Kühne 1966 (wie Anm. 44), 659 (»coloniensis« hier wohl im Sinne eines Epitheton spezificum); bei Klotz heißt es später »Virus Coloniensis« (Klotz 1987 [wie Anm. 68], 17).

144 Schade 1991 (wie Anm. 25), 449; dies wird bestätigt in Uniewski 1970 (wie Anm. 104), 28.

145 Mainzer 1992 (wie Anm. 5), 4.

146 Schyma 1992 (wie Anm. 6), 9.

147 Vgl. Anm. 59.

148 Vgl. Die Startbahn, Heft 25 (1967), 8–17, hier 10.

149 Dass die Modellstudie »eine weitgehende Ähnlichkeit mit dem neuen Köln-Bonner Flughafengebäude [zeigt]« (ebd., 17), wird man allerdings schwerlich behaupten können; vielmehr müsste man zum Vergleich die Fingerköpfe der 1972 fertiggstellten Empfangsanlage Mitte des Rhein-Main-Flughafens in Frankfurt heranziehen (1965–1972, Giefer/Mäckler/Kosina; für eine Abbildung siehe Die Startbahn, Heft 39 [1971], 40).

150 Vgl. Werner Treibel, Die deutschen Verkehrsflughäfen auf der Internationalen Verkehrsausstellung München 1965, in: Die Startbahn, Heft 18 (1965), 14–17, hier 16; Interview vom 10. März 1966, in: Die Startbahn, Heft 21 (1966), 4–5.

151 Für eine Fotografie siehe Die Startbahn, Heft 22 (1966), 38.

152 Ebd. Vgl. auch Die Startbahn, Heft 22 (1966), 40–43, hier 43. Offen bleiben muss hier, ob es sich um verschiedene Modelle handelt, da die Ausstellung »Mensch und Weltraum« bis zum 17. April 1966 dauerte, die Karstadt-Luftfahrtschau jedoch bereits am 1. April des Jahres begann.

153 Der Vortrag ist auszugsweise abgedruckt in: Wilhelm Grebe, Flughafen Köln/Bonn baut für die Zukunft, in: Die Startbahn, Sonderheft Ausbau Flughafen Köln/Bonn (1967), 2–11, hier 7–11.

154 Schneider-Esleben gab eine Distanz von 160 (Kurzparkplätze – Flugzeug) bzw. 200 Metern (Fluggastdauerparkplätze – Flugzeug) an, wobei er darauf hinwies, dass in Köln-Wahn aufgrund von Luftsicherheitsbestimmungen keine oberirdischen Parksilos in unmittelbarer Nähe zu den Flugzeugpositionen errichtet werden konnten, die eine ausreichende Anzahl an Parkplätzen je Flugzeugposition bereitgestellt hätten (vgl. Paul Schneider-Esleben, [Leserbrief zu:] [Zdenko Strizic,] Das Flughafenempfangsgebäude: veraltet, bevor zu Ende entworfen (Heft 50/1966), in: Bauwelt, Heft 10 (1967), 238).

155 Grebe 1967 (wie Anm. 153), 8.

156 Ebd., 10.

157 Vgl. Kühne 1964 (wie Anm. 73).

158 Vgl. o.V., Cologne-Bonn Airport Turned to ›Showpiece‹, in: Engineering News-Record, 28.11.1968, 68–69, hier 69.
159 »Der Neubau des Köln/Bonner Flughafens wird als erster in Europa nach einem Drive-in-Konzept entwickelt« (Schneider-Esleben 1968 [wie Anm. 128], 364).
160 O.V. (Ngl.), Abfertigungsgebäude auf dem Köln-Bonner-Flughafen Wahn, in: Deutsche Bauzeitschrift, Heft 6 (1970), 1108–1122, 1108. Ausführlicher noch Schneider-Esleben 1970 (wie Anm. 124).
161 O.V. 1970 (wie Anm. 83). Die Hochtief-Aktiengesellschaft für Hoch- und Tiefbauten hat die neue Flughafenanlage erstellt.
162 Siehe Cantacuzino 1971 (wie Anm. 10) bzw. Paul Schneider-Esleben, Terminal del aeropuerto de Colonia. Alemania federal, in: Informes de la construcción 24, Nr. 237 (1972), 3–15.
163 Vgl. Enzo Cartapati, Progetto. P. Schneider-Esleben. Il nuovo aeroporto di Colonia-Bonn, in: L'industria italiana del Cemento 41, Heft 8 (1971), 543–566.
164 Vgl. die Werbeanzeige in: Die Startbahn, Sonderheft Ausbau Flughafen Köln/Bonn (1967), 32–33. – Weitere effektheischende Epitheta der zeitgenössischen Presse sind »Gralsburg des Jet-Zeitalters« oder »Wunder von Wahn« (beide: Die Welt; vgl. Uniewski 1970 [wie Anm. 104], 25). – Schneider-Eslebens Empfangshalle wird 1974 auch in der Schriftenreihe des Informationszentrum Beton als Vorbild erwähnt (Heft 1, 42).
165 Vgl. die Einleitung zu [Knut] Henne, Neubau Flughafen Hannover, in: Die Startbahn 40, Heft 2 (1971), 31–33, hier 31. – Zur Baugeschichte der Passagier-Abfertigungsanlagen vgl. auch Treibel 1992 (wie Anm. 16), 269–272.
166 Blow ordnet das »Hannover-System« mit Recht in die Kategorie der kombinierten Lineareinheiten (multiple linear units) ein (vgl. Christopher Blow, Airport Terminals, Oxford [2]1996, 92–94).
167 Vgl. Der Luftverkehr, Nr. 2 (1973), 23.
168 So auch Kaup 1978 (wie Anm. 7), 423.
169 Hans Süssenguth, Gedanken zur Konzeption der Fluggastanlage, in: Der Luftverkehr, Nr. 4 (1973), 17–19, hier 19.
170 Ebd. Peter Kaup weist zwar darauf hin, dass das Köln/Bonner System in der Planungsphase des Flughafens Hannover bereits durch »zumindest in Teilbereichen neue Erkenntnisse überholt gewesen« sei, betont aber, dass Köln/Bonn »als das erste in Europa nach dem ›Drive in‹-System entwickelte Flughafengebäude« gelte (Kaup 1978 [wie Anm. 7], 422). – In der neueren Literatur hat Sabine Klug den Flughafen Köln/Bonn als ersten Drive-in-Flughafen auf deutschem Boden angesprochen (vgl. Sabine Klug, Wilhelm Ulrich und die hexagonalen Baukonzepte in der Architektur des 20. Jahrhunderts [Studien zur Kunstgeschichte; 175; zugl. Osnabrück, Univ., Diss., 2004], Hildesheim u.a. 2008, 271; siehe auch dort den Hinweis auf Manuel Cuadra, der Köln/Bonn einen »Pionierbau« genannt hat [ebd., Anm. 817]).
171 Vgl. hier und im Folgenden Werner Huber, Moskau – Metropole im Wandel. Ein architektonischer Stadtfüher, Köln u.a. 2007, 224–226. – Vergleichbare Anlagen entstanden in Istanbul und Bagdad (Kopien durch dortige Architekten); in Athen und Budapest wurde Wilke als Berater engagiert (vgl. Der Spiegel, 31. März 1980, 118).

172 Die Check-in-Schalter sind heute in die Eingangshalle verlegt, dafür sind Sicherheits- und Passkontrollen zu passieren. – In dieselbe Richtung geht eine knappe Besprechung der Köln/Bonner Anlage in der Septemberausgabe der »Architectural Review« von 1964: »Architecturally this is the most sophisticated airport project ever to appear in Europe [...] but one may still doubt how long it will resist the erosions of technological obsolescence, not only in terms of changes in aircraft specification, but in terms of passenger-handling techniques as well« (o.V., Starport, Passenger-handling at Cologne-Bonn, in: The Architectural Review, Nr. 811 [1964], 236–237, hier 237).
173 Treibel 1992 (wie Anm. 16), 66.
174 Vgl. ebd., 67.
175 Vgl. Berliner Flughafen-Gesellschaft 1967 (wie Anm. 44), I.
176 Strizic 1966 (wie Anm. 20), 1484.
177 »So übernehmen Gerkan, Marg und Nickels bei dem durch steigende Fluggastzahlen notwendig gewordenen Neubau des Flughafens Berlin-Tegel die ›Drive-in‹-Idee« (Klug 2008 [wie Anm. 170], 272).
178 In Stoßzeiten besteht allerdings Staugefahr (vgl. ebd., 272–273).
179 Vgl. Strizic 1966 (wie Anm. 20), 1485.
180 Bemerkenswert ist in diesem Zusammenhang die Forderung Strizics, solche Lösungen nicht als Drive-in-System anzusprechen, da hier der Vorteil der kurzen Wege für nicht einmal die Hälfte der Fluggäste gegeben ist (vgl. ebd., 1486). Strizic geht allerdings davon aus, dass mehr als die Hälfte der Passagiere mit öffentlichen Verkehrsmitteln anreist.
181 Wenn man das Sechseck teilt, entstehen gleichschenkliche Dreiecke, die das gesamte Gebäude rasterförmig überziehen (vgl. Johannes Marx und Rudolf Hoffmann, Flughafen Berlin-Tegel, Flugsteigring West [Technischer Bericht / Philipp Holzmann, Aktiengesellschaft], Frankfurt am Main 1973, 6).
182 In Berlin findet die Abfertigung der abfliegenden bzw. ankommenden Passagiere im Unterschied zu Köln/Bonn auf einer Ebene statt.
183 Vgl. Berliner Flughafen-Gesellschaft 1967 (wie Anm. 44), Nr. 64; Meinhard von Gerkan, Flughafen Berlin-Tegel, in: Bauwelt, Heft 14 (1969), 433–437, hier 437; Marx/Hoffmann 1973 (wie Anm. 181); Meinrad von Gerkan und Volkwin Marg (Hg.), Von Gerkan, Marg und Partner, Bauten = Von Gerkan, Marg und Partner, buildings, München u.a. 2007, besonders 44–59; Klug 2008 (wie Anm. 170), 272–273.
184 In Berlin sind die Bänder abgeschrägt.
185 Der »Beton-Atlas«, Ausgabe 1980, nennt den Tegeler Flughafen als Konstruktionsbeispiel für Stahlbetonbauten (Bundesverband der Deutschen Zementindustrie [Hg.], Beton-Atlas. Mit Bauten von Bartsch, Thürwächter, Weber, Beckert, Becker, von Branca, Ostermayer, Martens, Deilmann, Faller, Schröder, von Gerkan, Marg, Nickels [...], Düsseldorf 1980, 62–67).
186 Vgl. Berliner Flughafen-Gesellschaft 1967 (wie Anm. 44), Nr. 11.
187 Vgl. ebd., Nr. 18.
188 Vgl. ebd., Nr. 45.
189 Ebd., Nr. 27.
190 Vgl. ebd., Nr. 36.
191 Vgl. ebd., Nr. 47.
192 Im Grundriss kreisförmig erscheint auch das 1974 eröffnete, nach Plänen von Paul Andreu (* 1938) errichtete Zentralgebäude des Flughafens Paris Roissy.

193 Vgl. Berliner Flughafen-Gesellschaft 1967 (wie Anm. 44), Nr. 34.
194 Vgl. Kühne 1966 (wie Anm. 44); Beckers 1995 (wie Anm. 66), 192, Anm. 31.
195 Vgl. Uniewski 1970 (wie Anm. 104), 28.
196 Vgl. Treibel 1992 (wie Anm. 16), 230–231. Für eine Fotografie des Modells siehe ebd., 231. – Zum Projekt Hamburg-Kaltenkirchen vgl. auch: Flughafen Hamburg GmbH (Hg.), Flughafen Hamburg plant für die Zukunft. Projekt Kaltenkirchen, Hamburg 1970.
197 Köln/Bonn definiert keinen Typus, wie dies etwa bei dem von Fritz Leonhardt errichteten, 1956 eröffneten Stuttgarter Fernsehturm der Fall ist (vgl. Heinrich Klotz, Tendenzen heutiger Architektur in der Bundesrepublik, in: Helge Bofinger et al. [Hg.], Architektur in Deutschland. Bundesrepublik und Westberlin, Stuttgart u.a. 1979, 23–31, hier 23).
198 1971 trat das Gesetz gegen Fluglärm in Kraft; 1970 und 1972 dämpften zwei Terroranschläge die Expansion der Branche, und die globalen Finanz- und Ölkrisen (1973/74) taten ihr Übriges. Ende der 1970er-Jahre folgte nach einer kurzen Phase der Erholung eine erneute Rezession, die nun auch den zuvor stetig expandierenden touristischen Flugbetrieb erfasste (für eine konzise Darstellung der Entwicklung des Luftverkehrs in Deutschland in der Nachkriegszeit siehe Stahn 2005 [wie Anm. 16], besonders 72–73 und 76–83).
199 Martin Streichfuss, Keine Zeit zum Shoppen, Die Welt kompakt, 2. April 2017, 21. – Eine schnellere Abfertigung dient am Flughafen Köln/Bonn vor allem dazu, dass die Passagiere schneller in den Einkaufsbereich gelangen, damit dort Umsatz generiert wird (vgl. ebd.).
200 Hackelsberger 1984 (wie Anm. 142), 22.
201 Ebd., 23.

Reihengestaltung: Anika Hain, Deutscher Kunstverlag
Umschlaggestaltung: Edgar Endl, Deutscher Kunstverlag
Satz: Stefan Bodemann, Bonn
Reproduktionen: Jean-Luc Ikelle-Matiba, Kunsthistorisches Institut der Universität Bonn; Architekturmuseum der TU München
Druck und Bindung: Elbe Druckerei GmbH, Wittenberg
Coverabbildung: Flughafen Köln/Bonn, Luftaufnahme der neuen Anlage, um 1970 (Archiv Claudia Schneider-Esleben, Hamburg)

Bibliografische Information der Deutschen Nationalbibliothek
Die Deutsche Nationalbibliothek verzeichnet diese Publikation in der Deutschen Nationalbibliografie; detaillierte bibliografische Daten sind im Internet über http://dnb.dnb.de abrufbar.

Paul-Lincke-Ufer 34
D-10999 Berlin
www.deutscherkunstverlag.de
ISBN 978-3-422-07488-0